U0145297

圖解

五南圖書出版公司 印行

圖解系列

情緒教育與管理

閱讀文字

理解內容

觀看圖表

圖解讓
情緒教育
與管理
更簡單

序言

正面應對情緒管理問題

多年前，一位臺北私立中學高一學生，為了女友爭風吃醋，將一位同學的腳部韌帶砍斷，使其終生行動不便，教官為此當場賞了他一巴掌。隔天，這位傷人的學生家長帶著兒子來找那位教官，當著大家的面給教官一個大耳光，氣憤道：「我的兒子不用你管！」臺大畢業生張彥文不滿女友與其分手，清晨佇守在女友居處前，待女友出現，就用預備好的利刃砍殺女友。這些都是情緒失控造成的悲劇。

捷運隨機殺人案發生迄今，民眾依然人心惶惶，許多人都不禁要問：「到底我們生活周遭還有哪些情緒失控的不定時炸彈，會隨時危及我們自身與所愛人的安全與性命？」鄭捷面對自己所犯下的可怕罪行，是沒有情緒的，而當法官詢及若他的父母也在捷運上，他會如何？他回答：「照砍不誤！」真是令人毛骨悚然！如果這只是典型反社會人格者的一個面向，試問我們一般人又如何？北投文化國小割喉案主嫌龔重生在案發之後，也絲毫沒有悔意，還表明若無法入獄，還是會持續找無辜受害者。使得我們不禁要問：現在的孩子到底怎麼了？我們的教育是要培養怎樣的新新一代？每天的新聞報導中，最先出現的是社會新聞，保母或家

長虐嬰、行車糾紛等似乎變成常態，動輒出手相向的所在多有，而追打犯錯者的場景也不陌生，實在讓人擔心社會失序。

　　少子化與經濟現況，使得許多家長寵溺孩子，有的幾乎到不可想像的地步。有一對夫妻為了讓孩子有競爭力，讓他進入私立學校就讀，卻發現孩子只學會讓自己的 3C 產品領先同儕，還要求父母極力配合，若不依就大鬧一場。情緒教育是目前教育中最缺乏的一環。從國小階段，我們就發現更多過動或情緒失控的學生，家長指控教師多管閒事；甚至到教育者本身的暴怒、憂鬱症，以及非法懲處學生，教育現場瀰漫著「失控」的現象，到底是出了什麼問題？這些情緒管理失當的問題，到國中階段將會更加嚴重，加上網路發達、無遠弗屆，不同形式的霸凌時有所聞，若無法做適當防治，最終將會成為社會問題，每位國民都需要付出代價。

　　這本《圖解情緒教育與管理》一書是應五南出版社副總編王俐文小姐之邀撰寫，基於目前社會與教育亟需情緒相關知識與因應技巧，因此慨然應允，希望本書有助於家庭與社會教育及個人。

序言

第1章 情緒教育的重要性

1-1 情緒教育的重要性　002
1-2 情緒的影響面向　004
1-3 情緒的影響面向（續一）　006
1-4 情緒的影響面向（續二）　008
1-5 情緒的影響面向（續三）　010

第2章 情緒教育從認識情緒開始

2-1 情緒教育從認識情緒開始　014
2-2 情緒發展　016
2-3 情緒發展（續）　018
2-4 情緒要素與功能　020
2-5 情緒的區辨　022
2-6 社會文化與情緒教育　024
2-7 情緒社會化　026
2-8 情緒的社會文化因素　028
2-9 情緒的社會文化因素（續一）　030
2-10 情緒的社會文化因素（續二）　032
2-11 情緒的社會文化因素（續三）　034

第3章 家庭與情緒教育

3-1 家庭與情緒教育　038
3-2 家庭與情緒教育（續一）　040
3-3 家庭與情緒教育（續二）　042
3-4 家長如何進行情緒教育　044
3-5 家長如何進行情緒教育（續一）　046
3-6 家長如何進行情緒教育（續二）　048
3-7 家長如何進行情緒教育（續三）　050

第4章 覺察情緒與為情緒命名

4-1 覺察情緒與為情緒命名 054
4-2 覺察情緒與為情緒命名（續）056
4-3 情緒覺察項目 058
4-4 情緒覺察項目（續）060
4-5 覺察不同的情緒表現 062
4-6 覺察不同的情緒表現、親密關係與情緒 064
4-7 親密關係與情緒 066

第5章 傾聽與情緒

5-1 傾聽與情緒 070
5-2 傾聽與同理心步驟 072
5-3 傾聽與同理心步驟、情緒的字彙 074

第6章 表達情緒的權利與方式

6-1 表達情緒的權利與方式 078
6-2 影響情緒表達的因素 080
6-3 影響情緒表達的因素（續一）082
6-4 影響情緒表達的因素（續二）084
6-5 影響情緒表達的因素（續三）086
6-6 影響情緒表達的因素（續四）088
6-7 影響情緒表達的因素（續五）090
6-8 憤怒情緒 092
6-9 維持健康情緒的原則 094

第7章 壓力與情緒

7-1 何謂壓力　098
7-2 情緒壓力與因應　100
7-3 了解壓力來源　102
7-4 了解壓力來源（續）　104
7-5 疼痛與壓力、一般壓力管理方式　106
7-6 因應壓力的方式　108
7-7 自律與時間管理　110
7-8 自律與時間管理（續一）　112
7-9 自律與時間管理（續二）　114
7-10 自律與時間管理（續三）　116
7-11 自我照顧的面向與方式　118
7-12 自我照顧的面向與方式（續一）　120
7-13 自我照顧的面向與方式（續二）　122
7-14 自我照顧的面向與方式（續三）　124
7-15 自我照顧的面向與方式（續四）　126
7-16 自我照顧的面向與方式（續五）　128

第8章 情緒智商與管理

8-1 情緒智商　132
8-2 人類運用不同方式來製造情緒　134
8-3 政治與群眾暴力、情緒管理　136
8-4 情緒管理　138
8-5 情緒管理技巧　140
8-6 情緒管理技巧（續一）　142
8-7 情緒管理技巧（續二）　144
8-8 改變情緒的藥物　146
8-9 改變情緒的藥物（續）　148
8-10 職場上的情緒管理　150
8-11 危險情緒與親密關係暴力　152
8-12 危險情緒與親密關係暴力（續）　154
8-13 寬恕與情緒健康　156

第9章 失落情緒與教育

9-1 失落情緒與教育 160

9-2 哀悼的意義與功能 162

9-3 協助孩子面對失落與悲傷 164

9-4 面對死亡 166

9-5 自殺 168

9-6 自殺危機處置 170

第10章 認識情緒疾患

10-1 認識情緒疾患 174

10-2 焦慮症 176

10-3 焦慮症（續） 178

10-4 憂鬱症 180

10-5 躁鬱症 182

10-6 加強情緒免疫力 184

10-7 治療情緒困擾的方式 186

參考書目 188

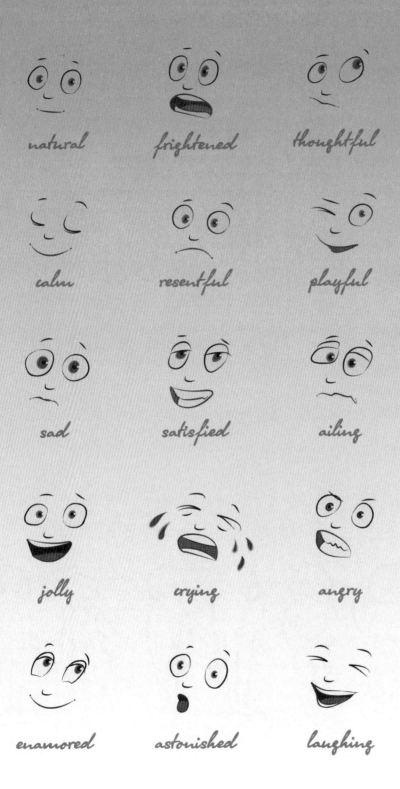

natural frightened thoughtful

calm resentful playful

sad satisfied ailing

jolly crying angry

enamored astonished laughing

第1章
情緒教育的重要性

學習目標：

　了解情緒教育的重要性，情緒是自我的一部分，否認情緒就等於否認了部分自我。情緒除了是自我認識的管道之外，也具有人類生存與社會的功能，可激勵人類學習、創造及改變，讓我們體驗生活，也是判斷人際關係的重要線索。

1-1　情緒教育的重要性

1-2　情緒的影響面向

1-3　情緒的影響面向（續一）

1-4　情緒的影響面向（續二）

1-5　情緒的影響面向（續三）

1-1 情緒教育的重要性

　　曾有一名國小高年級情緒障礙學生，平日常常喜歡我行我素、不願意聽人勸導，在班上沒有人緣。某天在做自然實驗時，因為同學不讓他碰酒精燈，他就突然用手將酒精燈撥下，引發大火，讓一名同學的雙腿與右手受到嚴重灼傷。事件發生後，班上多位家長要求學校慎重處理，並威脅要發動更大的抗爭，因為他們認為孩子處在不安全的環境下，學習效果會有差異。

　　如前例所示，目前過動與情緒障礙的孩子，在各層級教育階段都有增多的趨勢，通常一個班級只要有一名情緒障礙的孩子，導師的班級管理就會面臨極大的挑戰，加上家長若無病識感、不願意承認孩子可能需要進一步的協助，孩子就會成為眾矢之的、每況愈下。倘若其情緒障礙沒有獲得適當處理，之後的求學生涯、人際互動等各面向，都會受到嚴重影響與干擾，個人、家庭與社會要付出的代價就更多！我們在媒體或社會新聞中，常常看到情緒爆發所造成的行車糾紛或情感衝突，彷彿整個社會都充斥著暴戾之氣，更遑論層出不窮的恐攻事件。

　　情緒是自我的一部分，不能否認（「否認情緒」就是否認了部分的自我），因此情緒教育是個人教育極重要的一環，不能忽略。然而，情緒教育在臺灣卻是不及格的，家長會壓抑孩子正常的情緒表現，甚至以和為貴、要求孩子忍辱負重；有些家長則一味護衛孩子，為孩子無故發脾氣或傷害他人的舉動找理由；有些家長不願意承認孩子需要加強情緒管理的能力，只要求校方應該要體諒孩子年幼、不懂事；老師要求學生與人為善，卻沒有給予適當的情緒教育或知能，忽視孩子也會有情緒的事實；校方將情緒障礙的孩子硬塞到某一班級，卻未給予教師及學生應有的資源或協助。以上種種，都顯示我們的情緒教育仍有待改進。

　　情緒教育理應是全面的教育，家長在家庭中是否注意到孩子的情緒表現？如何處理孩子因外在或個人內在因素而引發的情緒事件？學校方面又該如何延續情緒教育，讓孩子的身心靈得到適當啟發與發展？社會文化在個人情緒教育上，又擔任了怎樣的角色？個體在面對激發情緒的事件時，如何在尊重個人自主性及團體規約的情況下取得平衡？

　　世界衛生組織對於健康的定義為：「健康不僅是指沒有疾病而已，乃是指生理、心理與社會三方面都達到安寧舒適的狀態。」一般都是將情緒歸屬於「心理」的範疇，但是進一步探究，卻發現情緒也會影響個體之生理與社會功能。而有研究者表示，心理健康可定義為「一個人擁有完整的感覺，並可以適當的態度表達這些感覺。」（Hill, 2009/2013, p.88）由此可見情緒的重要性。

小博士解說

　「情緒」在學術上被定義為：對特定內在與外在變項的動機傾向，產生了體驗、生理與行為上的反應（Carlson & Hatfield, 1992, p.59）。

情緒的重要性

 情緒是自我的一部分。

 認識情緒也是認識自我的重要面向。

 情緒會激勵一個人的行動,因此人類才有學習、創造與改變之可能。

情緒的重要性

 情緒有生存與社會功能。

 情緒讓人類感受與體驗生活及生命。

 情緒是覺察與判斷人際關係的重要線索。

 了解與適當管理情緒,是個人生活重要的能力之一。

 情緒、心情與感受的差異(Carlson & Hatfield, 1992, pp.14-15)

情緒 (emotion)	大部分的情緒經驗是相當緊張且為時甚短,情緒是經常變化的。
心情 (mood)	心情較為模糊、溫和,且持續時間較情緒要長,心理學上常用心情來定義個體性格。
感受 (feeling)	感受是很不容易看見的,指的是我們對於每一刻的事件所做的評估。

 傳統上對情緒的研究取向(Carlson & Hatfield, 1992, p.29)

演化論、行為表現

表達　體驗

強調心理動力、動機

生理

生理及心理反應、神經—生化

＋ 知識補充站

　　心理學上有所謂的「曝光效應」,說明了我們平常無意識地接觸到一些廣告或人物,但是意識裡卻會將這些人物記錄下來,等到該物品或人物呈現出來時(如去買洗髮精),我們會因為「熟悉感」而選擇他/它們(某個品牌),這就是廣告所發揮的力量。即便潛意識的回憶系統受到損害,潛意識的記憶還是會透過情緒表現出來(Evans, 2001/2005, pp.126-128)。

1-2 情緒的影響面向

何謂情緒（emotion）？情緒是多面向的（multidimensional），情緒是主觀的、生物的、有目的的，也涉及社會現象（Reeve, 1997, p.260）。情緒是我們賴以生存，了解世界及與他人互動的重要能力；情緒不是表達或經驗而已，還可以左右我們定向、判斷、了解、行動及與他人互動等面向（Eide, 2006, p.136）。一般談情緒時，會就「生物與演化」、「心理」及「社會文化」三個層面來討論。演化論者認為情緒是對環境出現問題後的適應反應，以增加我們的生存與繁衍機會，像是「害怕」讓我們逃離危險情境，甚至急速改變繁衍機制。心理學家注意到情緒對身心健康的影響；社會與文化理論則是注意到情緒的不同表達及社會功能。

情緒是我們因應社交世界的人與事件的方式，也是我們用來處理與適應生命中社會情境的方式，因此不管是正面或負面情緒，都是因應特殊情境所需，也都是我們對於自己身體、自我感與社會現實的適應反應（TenHouten, 2007）。情緒張力越大，影響行為方向的力道就越大，因此不管正負面情緒都具有功能性（Carlson & Hatfield, 1992, p.31）。

情緒結合了生化物質與心智，往返於兩者之間且對其產生影響。所有的情緒都是健康的，而不只有快樂的想法才是；有時候痊癒的最大力量來自於壓抑情緒

的爆發，讓免疫系統得以重新啟動。情緒不斷調整我們所經驗的「現實」，也就是哪些訊息要過濾或傳導（Pert, 1999/2011, p.181），儲存在大腦裡，在遭遇相似情況時，可以拿出來使用或做修正。

情緒影響健康諸多面向：包含身心症（耳朵發癢、胃痛、心悸等）與生理問題、生活作息與功能（失眠或睡太多、總感覺睡眠不足、無法有效完成工作）、學習及人際關係（家人與親密關係）、心理狀態、工作效率等。

我們為何要了解情緒？因為（Carlson & Hatfield, 1992, pp.7-10）：

一、情緒是我們自我的一部分。我們了解自己為何思考、感受與行為，情緒帶給我們痛苦與快樂、幸福與困擾、希望與絕望，了解情緒就是了解我們自己與人類。因此，情緒是通往自我認識的重要路徑。

二、所有的關係都是情緒的。當我們與他人互動交會時，會傳送與接收許多情緒的訊息，直接的訊息是認知的，但是背後都有情緒的「後設訊息」（meta-message），也就是情緒與認知不可分。

三、情緒的衝突是不可避免的。我們與他人互動及相處，即便是與我們最愛的人，也會有無法相處的情況發生，這種愛恨交織衝突情緒的存在是正常的。

四、人們希望能夠管理情緒，讓生活更適意。

小博士解說

情緒的「後設訊息」是指情緒背後的想法。例如，我們表面上是生氣，但是生氣背後的想法可能不一樣，有可能是高興（但是要假裝生氣）、挫折感（不願意承認失敗），或羞愧（認為有損自尊）等。

情緒的不同面向（Reeve, 1997, p.261）

元素	情緒	顯現
主觀的（認知的）	感受	自我陳述
生物的（生理的）	促發（arousal） 生理準備度	大腦結構活動 自律神經系統活動
功能的（有目的的）	動機 目標導向的渴望	選擇適當的方式因應目前的情境
表達的（社會的）	溝通	臉部表情 身體姿勢 發出聲音（及語言）

 情緒的特色（O'Shaughnessy & O'Shaughnessy, 2003, pp.21-22）

 情緒有對象。　 情緒是從高度的正負面評估而來。

 情緒可以是行動的先驅。　 情緒伴隨著自律生理活動及體驗。

 情緒的表達會經由臉部非自願性表情及其他身體姿勢來表現。

情緒的內涵（王淑俐，1995）

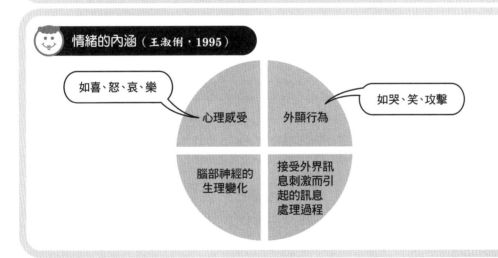

如喜、怒、哀、樂 — 心理感受

外顯行為 — 如哭、笑、攻擊

腦部神經的生理變化

接受外界訊息刺激而引起的訊息處理過程

＋ 知識補充站

　　情緒具有天生及後天動機取向的特質，是用來對外來或內在的變項做體驗，以產生生理與行為的反應（Carlson & Hatfield, 1992, p.x）。

1-3 情緒的影響面向（續一）

一、情緒影響身心健康

情緒會影響我們的免疫系統（是否易受到病毒感染）。情緒會影響一個人的身心健康，已經是不證自明的事實（Leventhal & Patrick-Miller, 2000），亞里斯多德就是最先提出情緒與健康相關議題的人（Pert, 1999/2011）。受情緒影響最明顯的，是心臟血管疾病（情緒胜肽掌控血流，對血管壁發出訊號，使其收縮或放大）、腸胃問題、免疫力下降、皮膚出現紅疹（或蕁麻疹）、掉髮等生理上的問題，加上情緒上的焦慮或憂鬱。情緒若未經過適當處理，就會儲存在細胞層次，到夜晚時釋放出來，浮現到意識層次，就變成「夢」（Pert, 1999/2011），我們說「日有所思，夜有所夢」就是這個意思。更有甚者，假如遭遇一些重大自然或人為的創傷事件，受創情緒若無法獲得了解與紓解，可能演變成後遺症，不僅影響個人生活與生產力，還可能波及周遭重要他人與社會（社會問題、犯罪或醫療等），所耗費的社會成本就更多了。

身體不舒服時，自然會影響到精神、體力與工作表現，其影響層面更廣、更多。像是憂鬱症者，通常是向內攻擊或壓抑情緒者。也曾有學者提出癌症是無法表達的情緒（尤其是「性」方面的情緒）所導致的結果；壓抑、埋藏及否認負面情緒，與癌症的關係也獲得證實，如研究者 David Spiegel 發現：癌症患者若表達憤怒與悲傷的情緒，可提高其存活率（Pert, 1999/2011, p.231），由此反推可得到以上的結論。

二、情緒影響人際關係與工作（社會功能）

情緒有其社會性質與功能，而人又生活在社會群體之中，因此情緒是促進溝通與規範團體行為之用，才會需要管理情緒。不當的情緒表現會影響他人對自己的看法、自己的信心、未來合作的可能性，以及個人的人際關係。

情緒不僅影響我們的人際關係與親密度，也會影響我們的工作或升遷機會，若是常常無法克制自己的情緒，或是孤僻、不與人合作者，較無法在職場上受到歡迎或獲得重用，甚至因此而丟掉飯碗或是經常換工作。許多心理疾患的共通點是「人際關係」出現問題，追根究柢，與其情緒之不穩定（如邊緣型人格違常）、沒有能力表達情緒或無法了解他人情緒（如自閉症）都有關聯。有人緣的人，通常也是人際智慧較高、情緒智商（EQ）較佳者。「情緒智商」通常是指一個人的情緒較為穩定，遭遇到情緒事件時能夠清楚思考解決之道。

小博士解說

「情緒」（emotion）與「心情」（mood）的起因不同，情緒通常是由突發的社會環境事件或改變所引發；心情則較少受特殊或突發事件影響（TenHouten, 2007, p.6）。

情緒編碼過程（Forgas & Vargas, 2000, p.372）

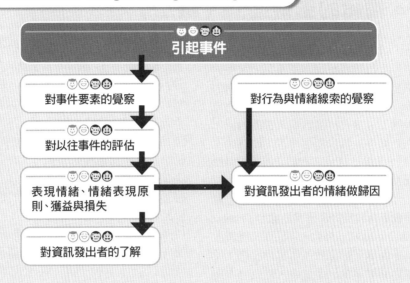

引起事件

對事件要素的覺察

對行為與情緒線索的覺察

對以往事件的評估

表現情緒、情緒表現原則、獲益與損失

對資訊發出者的情緒做歸因

對資訊發出者的了解

 啟動情緒的相關系統（Izard, 1993, cited in Reeve, 1997, pp.270-271）

 神經系統 神經傳導或腦中電流刺激　　 **動機系統** 如味道、痛苦

 感覺運動系統 臉部表情、沉墜的肩頭

 認知系統 評估、記憶　　 **社會系統** 社會傳染、身分確認

 完整的情緒

認知評估	生理反應
表情反應	行為傾向

＋ 知識補充站

人類情緒是由腦部瞬間傳導系統傳達與控制。視丘、杏仁核及大腦皮質的額葉，是腦部的情緒主控區，額葉對情緒的控制很重要，許多科學家相信「自覺區」就在此處（Shapiro, 1997/1998, p.274）。

1-4 情緒的影響面向（續二）

三、情緒影響學習與記憶

情緒對於學習歷程非常重要，大腦的顳葉功能之一就是「為訊息賦予情緒的意涵」，因為這些刺激若缺乏情緒的色彩，就不會讓人有趨近或逃避的動機，而缺乏動機就無法產生學習（梅錦榮，1991，p.123），因此，我們常說「學習動機低落」就會影響學習投入與成果。近二十年來，對於情緒的研究，已經證實情緒會影響我們的學習與記憶力（Forgas & Vargas, 2000, p.364），在正面情緒情況下，不僅學習較有效，也記得起來；反之在負面情緒情況下，個人的吸收力與注意力也會受到影響。一般人在快樂情緒下，較能夠專心，而在不愉快或焦慮情緒下，則較不容易專心，自然也會影響學習效果，也因此有「快樂學習」之說。

在較少情緒干擾的情況下，學習與記憶也較不費力。就如同每個人面對考試壓力，會有不同的反應，倘若甲學生較容易焦慮，或是很在意家人的期待，相較於情緒上較放鬆、家人又全力支持的乙學生，兩者在準備考試的專注度與效果，就可能有差異。因此，不少專家會建議即將要參加考試的學子，不要想東想西或是擔心自己考不好，甚至是在考試現場，先閉目放空一下，將自己的心態調適好，然後再低頭看考卷，這樣都可以提升考試的效率。

四、情緒讓我們遵從社會 與法律規約

情緒與認知不可二分，情緒協助我們感受周遭環境或刺激，也讓我們反省與思考；情緒讓我們做出決定與行動，讓我們可以生存並調適社會生活。情感與

理性是相互為用的，當我們做決定時，光是理性尚不足，還需要有情緒的加持。雖然許多西方思想家都將情緒視為理智活動的絆腳石，然而，現代的演化論與神經科學的研究，似乎是支持及肯定情緒的力量（Evans, 2001/2005, p.40）。高層次的認知情緒像兩面刃，有其正面與負面影響，像是有罪惡感或良心者會得到他人的信任，而愛與復仇的情緒可協助我們解決承諾的難題，這些都是理性無法單獨辦到的。然而，若誠心誠意向對方告白，對方不接受或鄙視，愛的情感就會消失不見，甚至有報復心態。因此，這些情緒只有在對方也將其視為真實時，才可能產生作用（Evans, 2001/2005, pp.54-58）。

情緒與道德感有關係。沒有情緒，我們就無法表現出道德行為。兒童的道德能力發展，不能藉由教條或命令來完成，除非他／她已具有相當的情感能力，才可能有道德情操的出現。因為只遵守表面的道德教條或意義，卻不尊重其精神，這樣的道德不會持久（Evans, 2001/2005, p.65 & p.68）。情緒對人的影響，還有決策及判斷力方面，情緒好時對某人的評價，與在情緒不佳時的評價，會有所差別（Evans, 2001/2005, pp.114-115）。判斷和決策力也與道德能力有關。此外，宗教信仰的體驗也需要有情緒的因素，有研究顯示當個體在吸食搖頭丸時，其大腦的活躍區與宗教體驗一樣（Evans, 2001/2005, p.96）。有些信徒也會使用威脅或恐嚇的方式，促使人們信仰，想要激起的也是人的情緒。厭惡感除了會讓人排斥有害食物之外，也可能讓人產生道德上的制約，不會從事非法或錯誤的行為（TenHouten, 2007）。

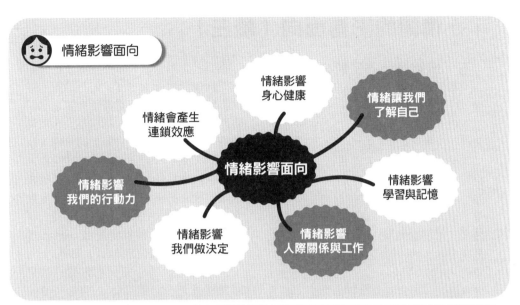

情緒影響面向

- 情緒影響身心健康
- 情緒讓我們了解自己
- 情緒會產生連鎖效應
- 情緒影響面向
- 情緒影響學習與記憶
- 情緒影響我們的行動力
- 情緒影響我們做決定
- 情緒影響人際關係與工作

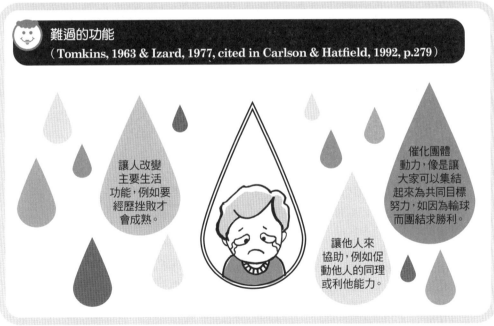

難過的功能
（Tomkins, 1963 & Izard, 1977, cited in Carlson & Hatfield, 1992, p.279）

讓人改變主要生活功能，例如要經歷挫敗才會成熟。

催化團體動力，像是讓大家可以集結起來為共同目標努力，如因為輸球而團結求勝利。

讓他人來協助，例如促動他人的同理或利他能力。

+ 知識補充站

　　杏仁核是大腦情緒的常駐經理，對各種感官情緒的接收與反應，比大腦皮質更迅速（但較不精確），杏仁核也具有情緒學習與記憶的功能（Shapiro, 1997/1998, p.275）。

1-5 **情緒的影響面向（續三）**

五、情緒讓我們了解自己

人類是有感覺（feeling）的動物，感覺可以引導我們保存與延伸自我（self），當我們表達自己的感受，這些感受就讓我們知道自己是誰（Heller, 2009, p.56）。

我們因為外在或內在事件引發了情緒反應，這些反應（所謂的「七情六慾」）可以協助我們了解自己在什麼情況下受到什麼刺激，會有哪些反應。而這些反應表達的是什麼意思或意義，像是感受到忌妒，可能是自己不被認可或愛惜、有競爭對象，或是他人比我更好；覺得痛苦，可能是因為目的未達、失去所愛或追求物。孩子在小時候若沒有感受到被接受與愛，或是被拒絕，可能就會充滿害怕，認為愛是會帶來傷害的（TenHouten, 2007），當然也就無法接納自己。

我們幾乎每天都會與情緒遭遇，而觀察一般人如何表現情緒，也可以一窺他們是怎樣的人（Reeve, 1997, p.335），或是經由情緒的感受，去反思自己為何有此情緒，而藉此更了解自己。

六、情緒的連鎖效應

每個人都會有情緒經驗，而這些情緒經驗讓我們體會到事件發生對於自身的影響，不僅是身體上或感官上會有反應，情緒也會受到影響。情緒經驗讓我們知道自己對於一些事件的看法與價值觀。當我們沒有足夠時間思考，卻又必須做出決定時，通常就容易受到不正確資訊的影響，因而做出錯誤的決定或評價；也就是要做精確決定，需要靠理性與邏輯，而快速混淆的決定，較依賴情緒做裁決（Evans, 2001/2005, pp.116-118），這也提醒我們在做重大決定時，需要有足夠的時間去沉澱、思索。

然而，話說回來，有一些重要決定是需要從情感層面來思考，如結婚不能只單靠理性邏輯分析，還需要有情感（愛與熱情）的成分；要去相信某人，也需要有情緒（半自覺或直覺）的參與，以藉此知人識人。若我們的杏仁核受損，就無法發揮此功能。此外，當我們需要去改變他人心意時，訴諸情緒的力量會更大（Evans, 2001/2005, p.121& p.125），君不見許多社會群眾運動或是恐怖攻擊，也都是以情緒的訴求為手段嗎？

情緒對認知過程有深刻影響，像是選擇性注意、記憶與做決定等（Allen, Lien, & Ruthruff, 2011, p.668）。情緒通常是伴隨認知與情境的因素（Heller, 2009, p.86）。情緒是一種背景狀態，可以提高或降低我們對情緒刺激的感受力，像是在快樂情況下，聽到好消息的反應會特別強烈，但若是在悲傷情緒下聽到好消息，可能只是一笑置之；而在焦慮情況下會較容易受到驚嚇，情緒不安時容易生氣。一般來說，我們對於快樂或喜悅會較感興趣，因為快樂情緒可以維持較久（Evans, 2001/2005, p.70），這也是為什麼心理學家認為人類是「趨樂避苦」的動物。

情緒需要做適當拿捏，過與不及都有害處，像是恐懼可以讓我們逃離危險情境，但是若過度恐懼就會造成恐慌、凍結的反應，無法做出逃離與存活動作；反之，太少恐懼，也會讓人無法看見危險的急迫性，而導致生命的滅亡或傷害（Evans, 2001/2005, p.62）。因此，講到情緒，就必須要提到理性的制約與平衡，希臘哲學家亞里斯多德就認為道德是「中道」，與之前所提的「不要過與不及」有異曲同工之妙。

有關情緒的事實（Carlson & Hatfield, 1992, p.6-7）

 有關情緒的事實

情緒需要考量脈絡環境因素。

情緒植基於人類的基因裡。

情緒包含認知、生理與行為等要素。

情緒隨著個人成長與生命經驗而精煉及發展。

情緒有動機的特質，擁有促動的動力與方向。

 情緒的功能（O'Shaughnessy & O'Shaughnessy, 2003, p. 27）

情緒藉由將我們的注意力轉向對生存攸關的威脅上，協助我們存活。

情緒提供資訊給他人，影響他人及我們的行為，讓我們知道自己的喜惡、價值觀與關切的事物為何。

情緒有利於社會控制，因為違反社會常模會導致我們產生罪惡感、困窘、羞愧、後悔等情緒。

情緒的表現可以說服個體在特定立場履行其承諾。

情緒可以彌補理性的不足。

家庭作業

① 請用任何一個語助詞（如「啊」、「咦」、「喔」等），表達三個不同意義（如生氣、懷疑、同意）。

② 請以簡單的肢體動作，表達不同的情緒。

③ 面對鏡子演練自己的喜怒哀樂情緒，是否很自然？

＋ 知識補充站

　　過著滿意生活的人，也就是人際關係良好、能從工作中獲得滿足，或是覺得自己人生有意義的人，他們的正面情緒比負面情緒比率高，大概是 3:1 的比率（Goleman, 2011/2013, p.81）。

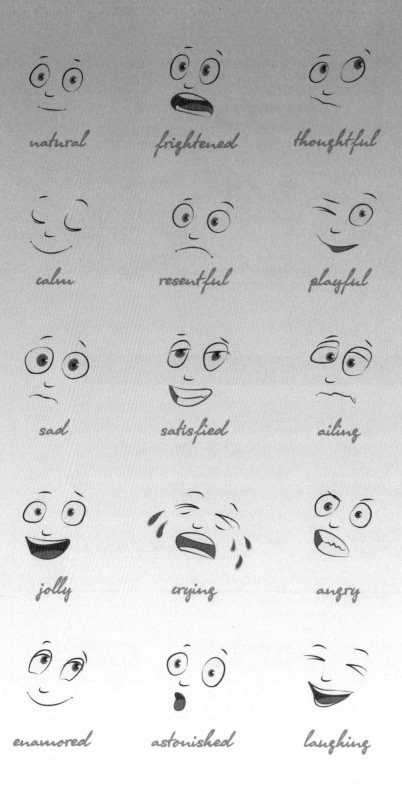

natural   frightened   thoughtful

calm   resentful   playful

sad   satisfied   ailing

jolly   crying   angry

enamored   astonished   laughing

第2章
情緒教育從認識情緒開始

學習目標：

　　情緒教育要從認識情緒開始，了解我們有情緒是正常的，情緒又因何而產生，以及大腦與我們的情緒有何相關，認知或理性是否可以與情緒分開，還有它們之間存在著怎樣的關係。

2-1　情緒教育從認識情緒開始

2-2　情緒發展

2-3　情緒發展（續）

2-4　情緒要素與功能

2-5　情緒的區辨

2-6　社會文化與情緒教育

2-7　情緒社會化

2-8　情緒的社會文化因素

2-9　情緒的社會文化因素（續一）

2-10 情緒的社會文化因素（續二）

2-11 情緒的社會文化因素（續三）

2-1 情緒教育從認識情緒開始

本章會從大腦與情緒的關係開始，然後簡單介紹人類情緒的發展、情緒的要素與功能，以及情緒社會化的諸多面向。

大腦與情緒

我們大腦的前額葉負責理性思考的部分，而杏仁核則是負責情緒的部分。我們的恐懼與憤怒等基本情緒，透過一組「邊緣系統」（limbic system）的神經結構傳導，此系統被深深包在大腦中心，包括海馬迴、扣帶迴、前視丘與杏仁核。新皮質則將邊緣結構完全包覆住；新皮質是哺乳類動物與其他脊椎動物在大腦結構上的主要差異。

大腦皮質的功能在於：讓個體體會自己的情感，表達這些感受，並注意他人如何反應，然後從中學習（Shapiro, 1997/1998, p.257）。基本情緒的運作，主要在大腦下方之「下皮質」構造上，但有些情緒被稱為「高層次的認知情緒」，其演化較基本情緒的時間要晚，也有較大的文化差異，像是愛、罪惡感、羞恥、困窘、驕傲、欣羨、忌妒等，這些都涉及更多大腦皮質的運作。像是「愛」這種情感的運作，就與新皮質有關，新皮質為人類在過去五百萬年間發展最快速的區域，維持了人類大部分的複雜認知活動（Evans, 2001/2005, p.36）。

在我們與他人的互動過程中，注意自己情緒內在的感受尚不足，還需要考量對方臉部表情與其他表徵（Evans, 2001/2005, p.49）。我們辨識臉部表情的

能力，受到特別演化的神經系統輔助，此系統由杏仁核等邊緣結構的核心組織所組成，若此結構受損，系統就會故障，辨識臉部表情的能力就會減弱；若杏仁核受損，也會減弱辨識恐懼或憤怒等負面情緒的能力。我們一旦無法揣度他人情緒，就失去了許多從他人身上學習的機會，得一切靠自己，會過得非常辛苦（Evans, 2001/2005, p.64）。

情緒與認知不可分。之前的哲學家與心理學家，習慣將「認知」視為理性的、「情緒」視為非理性的，然而，後來的許多研究卻發現，情緒裡有認知的因素，而認知也需要情緒來協助，以做決定（LeDoux, 1996）。像是談戀愛是因荷爾蒙或情緒使然（來電），但後來決定分手或結婚，則需要認知的參與；然而，若是沒有情緒因素（無愛或有愛），又如何造成分手或結婚的結果？因此，儘管我們在本書中談的是情緒，然而情緒與認知是掛勾在一起的，不可截然二分！連結到我們目前看到的國內或國際新聞，許多的情殺（或稱「熱情的殺戮」，passion killing）或是恐怖攻擊，都不是單純的情緒使然，其背後通常有極清楚的了解，甚至分析（認知層面）。有人會說那是「情緒衝動」或「失去理智」的作為，但是心理學者卻不這麼認為，那位殺害男童的龔姓罪犯為什麼會辯稱「殺一、兩個人不會被判死刑」？由此就可以理解：此罪犯是有「認知能力」的！

情緒的定義（Turner, 2007, p.2）

生物 情緒涉及身體系統（包括自律神經系統、肌肉骨骼系統、內分泌系統、神經傳導與接收系統），用來促使或停止個體以特殊方式行動。

認知 情緒是對自我與周遭環境有意識的感受。

文化 情緒是人類給予引發特殊生理狀態的文字形容或標籤。

 情緒的含義（整理自鄭照順，2011, pp.136-137）

一種心理狀態

受到生理機能影響

行為、性格與情緒產生交互作用

調節受到一些關鍵因素（挫折忍受力、環境、時間、問題解決能力等）之影響

會激發生理、心理之能量與動力

是一種心理動機、意志力徵候

外在因素引發

控制個人思想、態度與行為

是生命不可分割的部分

受到主觀認知影響

 大腦與情緒相關的區域（Goleman, 2011/2013, p.17）

大腦區域	負責功能
杏仁核（位於中腦的情緒神經紐）	情緒覺察（覺察與了解自己情緒）。
右腦體感皮質	自我覺察、同理心、感知他人情緒。
腦島皮質（大腦神經迴路之節點）	感知身體狀態和感覺。
前扣帶皮質（環繞胼胝體的腦纖維帶前側）	聯繫左右半腦，掌管衝動控制（特別是控制憂鬱與強烈情感）。
眼眶額葉皮質（在前額正後方）／腹內側前額葉皮質	是大腦執行中樞，負責解決人際關係問題、控制衝動、有效表達情緒、同理心。

2-2 情緒發展

　　情緒的發展是終生的，用以適度反應社會刺激或線索（Frias-Armenta, et al., 2012, p.160）。我們的情緒發展受到家庭因素的影響最大（Saarni, 1999, cited in Côté, Miners & Moon, 2006, p.14），嬰幼兒在三個月大時，就已經開始情緒的發展，他們藉由觀察模仿，來學習照顧者的表情與情緒。家長與嬰兒的「對話」，通常是重複、模仿的，嬰兒也會期待照顧者給予情緒上的照顧與回應。憂鬱的母親會讓孩子模仿其情緒，可能會有發展遲緩的情況，主要是因為母親的情緒會影響嬰兒的大腦。即便是嬰兒有激動的情緒，父母若給予適當回應，也可以將其情緒穩定下來，孩子未來也會有自我安撫的能力。嬰兒的生活中需要適當的刺激，因此父母提供的一些情緒體驗，或是由激動到平穩的情緒過程，在在都是教導孩子面對世界的有效途徑（Gottman & Declaire, 1997/2015）。

　　不少學者研究人類「初（原）始情緒」（primary emotions），也就是人類與生俱來的情緒有：快樂、驚奇、難過、噁心、生氣、害怕等，大概在出生後半年內就出現，而其他的情緒是混雜了這些情緒所發展出來的（Lewis, 2000, cited in Faucher, Tappolet, 2008, p.114; Turner, 2007, pp.4-5）；覺得尷尬、忌妒或同理等

情緒能力，則是在有「自我意識」（self-consciousness）之後（兩歲半左右）就會出現；三歲之後，個體就可以依據社會規範來評估自己的行為，如得意、羞愧等（Lewis, 2000, cited in Faucher, Tappolet, 2008, p.114）。

　　基本情緒包括有恐懼、憤怒、驚訝、噁心或反感、喜樂與悲傷。「恐懼」可能是演化最早出現的情緒，可以讓我們逃離危險情境；「氣憤」讓我們的身體準備好面對衝突；「驚訝」協助我們對新的刺激有所回應，我們會停下正在進行的活動，專注於這個意外或新刺激；「反感」則是讓我們遠離一些毒物（如藉由嘔吐去除誤食的毒物）；「喜樂」與「悲痛」的演化較為複雜，然而也是刺激人類追求或躲避某些事物之用（Evans, 2001/2005）。

　　人類的大腦在嬰兒期有第一次重大發展，女嬰先發展左腦，包括語言；男嬰先發展右腦，包含空間理解力（Walsh & Bennett, 2004/2005, p.131）。大腦前額葉皮質是大腦的決策中心，其功能是在事情發生前去思考其後果，同時控制從大腦其他區域所發出的神經衝動。青春期的孩子因大腦前額葉皮質還在發展中，較容易衝動（Walsh & Bennett, 2004/2005, p.67）。

小博士解說

　　情緒的基本種類有快樂、難過、害怕、厭惡、憤怒等，每種情緒都有全套的反應來對應特定的情境，如面臨危險時會產生恐懼，我們會注意到情緒給予的訊息，而這些訊息告訴我們該如何做才得以存活（Williams, et al., 2007/2010, p.54）。

情緒發展（鄭羽芯整理，2006，p.29）

 出生～6個月

★ 所有原始情緒出現。
★ 正面情緒的表達受到鼓勵而變得更為重要。
★ 會藉著吸吮或轉離等方式，試圖調整負面情緒。

7～12個月

★ 像生氣、害怕及哀傷的原始情緒，變得更為明顯。
★ 情緒的自我調整進步了，嬰兒會晃動身子，咬東西或轉離不愉快的刺激。

 1～3歲

★ 衍生（自覺）情緒出現。
★ 情緒調整進步了，學步兒會將自己的注意力移離令他們沮喪的刺激，或試圖去控制它們。

3～6歲

★ 調整情緒之認知策略的出現及精緻化。
★ 有些情緒隱藏，以及對簡單情緒表達規則的服從。

6～12歲

★ 服從情緒表達規則的能力進步了。
★ 自覺情緒與內化之「好的」或「適當的」行為標準之關係更為緊密。
★ 自我調整策略（包括允許一個人在適當的情況下強化情緒）變得更多樣且更複雜。

12～18歲

★ 情緒容易激動，喜怒哀樂變化快。
★ 情緒的表達逐漸符合社會的期望。
★ 情緒的發展由容易受他人影響到趨向穩定。
★ 情緒表現的種類多元化。
★ 情緒表達具備獨特性。

＋ 知識補充站

　　腦部的邊緣系統是主管人體情緒的中樞系統，從此中心經由神經與內分泌系統，支配器官的生理活動（李明濱，1997, p.38）。

2-3 情緒發展（續）

六個月大的孩子有「社會參照」（social referencing）能力，也就是在探索特定的環境或事件時，會有轉向父母尋求相關資訊的傾向。「安全依附型」的孩子以父母為安全基地，願意向外探索，必要時會回來尋求情緒的安撫。

九個月至一歲的孩子，已經了解如何分享情緒與想法，父母會以表情、語言等線索來反映（模仿）孩子的情緒，而孩子也藉由父母對其情緒的反應與同理，增強與父母的情感連結。

一到三歲的孩子開始會說「不」，也開始發展自我意識與自主權，但因缺乏友伴的分享經驗，較缺乏社交技巧，但他／她會喜歡假扮的遊戲（如辦家家酒），也從觀察周遭的人而學習處理自己情緒的方法。

四到七歲的孩子，要開始學習抑制不適當的行為，同時會為了目的而做自我情緒調整，此時期有許多同儕經驗，彼此可以互相學習處理情緒的方式，也可以利用遊戲來發洩情緒，在面對多種焦慮時，也了解處理之道。

八至十二歲的孩子，重視同儕的反應，也會以「情緒切割」方式來保護自己，邏輯能力提升，以二分法看事情，此時可以肯定孩子希望被同儕接受的想法，並同理其情緒，也做適當的說明與約束。青春期的孩子以自我為中心，想要知道自己是誰與定位為何，企圖整合理性與感性，父母可以成為其顧問或諮詢對象，

了解青少年有時會為了「長自己」而故意為反對而反對，向孩子說明與分析不同選項的優劣點，也接受孩子的選擇，在了解之前不要輕下判斷（Gottman & Declaire, 1997/2015, p.25）。

微笑是天生，而且是世界共通的反應。嬰兒的微笑也是形塑自己與主要照顧者連結關係的最關鍵因素。嬰兒的微笑不僅是父母的最大酬賞，父母也會回以喜悅的微笑，微笑似乎是會傳染的。而當嬰兒的認知－情感能力隨著成熟而發展，他們的笑容也開始改變。像是起初嬰兒的微笑是稍縱即逝、被甜味或愉悅的事物所牽引；四至六個月大時，他們會因為認出父母的臉而微笑；學齡前的兒童會笑中帶淚地迎接父母回家（Carlson & Hatfield, 1992, p.312）。

對於學齡期的兒童來說，同儕及友誼關係是其安慰與酬賞的來源，因此兒童重視活動及成就感，而其對自我的認知與定位，也是由同儕關係而來。其在情緒上的功課，是如何在位階不同的關係中，服從成人的指令，並壓抑自己自發的情緒（Bendelow & Mayall, 2000, p.252）。

情緒發展基本上是隨著年齡而成熟，受到家庭環境的影響最大，情緒智商高者使用的情緒管理策略更多樣，這也說明了情緒管理是可以學習的（Côté, et al., 2006, p.14）。

小博士解說

「社會參照」是指嬰兒會觀察父母在當下情境的感受，然後照著模仿（Carlson & Hatfield, 1992, p.221）。

情緒發展一覽表（整理自Gottman & Declaire, 1997/2015, pp.16-61）

3個月

特色 由觀察模仿，學習照顧者的表情與情緒。

教導重點 家長與嬰兒的「對話」，讓孩子覺得有趣、學習不同情緒的表達。

6～8個月

特色 有社會參照能力，以照顧者為安全堡壘，去做適當探險，可以回照顧者身邊做補充與安撫情緒。

教導重點 同理孩子的情緒，並能夠讓孩子從激動情緒中平穩下來。

9個月～1歲

特色 了解情緒與想法可以分享，與父母建立強烈的情感連結。

教導重點 「映照」孩子的情緒，也鼓勵孩子模仿不同的情緒。

1～3歲

特色 發展自我意識與自主權。喜歡假扮的遊戲。從觀察周遭的人而學習處理自己情緒的方法。

教導重點 站在孩子的觀點看衝突與挑戰。給予一些選擇機會。讓孩子多與同儕相處的機會。

4～7歲

特色 很難在同一時間內處理一種以上的關係。藉由假扮遊戲紓解及壓抑。面對不同的焦慮感受（如無力感、被遺棄、黑暗、父母衝突、死亡等）。

教導重點 必須學會抑制不適當的行為，適當調整自己情緒。真誠與孩子討論其情緒。協助孩子感受到自己的力量。讓孩子動腦去思考處理不同威脅的方式。

青春期

特色 以自我為中心。想要知道自己是誰。企圖整合理性與感性。

教導重點 成為其顧問或諮詢對象。說明與分析不同選項的優劣點。在了解之前不要輕下判斷。

8～12歲

特色 重視同儕的反應。會以「情緒切割」方式保護自己。以二分法看事情。

教導重點 肯定孩子希望被同儕接受的想法。做適當的說明與約束。

＋ 知識補充站

海馬迴是大腦中負責記憶、學習與對壓力做反應的部分。

2-4 情緒要素與功能

情緒要素

Peggy Thoits（1990, cited in Turner, 2007, p.2）提到情緒有四個要素，分別是：生理改變、情境線索、情緒標籤與情緒表達，彼此互相影響（見右圖）。情緒的產生有其脈絡或起因（情境線索），生理上也會有因應的變化（如驚嚇—身體僵硬，緊張—流汗或身體發熱等），接著我們就會為情緒命名或標籤（確定與認可情緒狀態），然後就要思考是否需要表達情緒，或該如何表達才適當。

許多學者認為，身體語言是我們所使用語言的附屬，事實上正好相反：情緒出現在前、身體表達在後。此外，與引發情緒有關的，是彼此的「期待」與「認可」，倘若符合所期待，正面情緒就增加，否則就減弱或呈負面情緒。若彼此認可互動的內涵，正面情緒也會增加，反之則不然（Turner, 2007, pp.82-83）。

情緒當然也受天生氣質（temperament）的影響，這與遺傳基因或神經連結過程有關，也與個人的適應及發展相關（Bates, 2000, pp.392-393），因此有人屬於慢熱型，或是情緒較不容易激動，有些則屬於衝動或容易表現情緒者，經過生命經驗的歷練，或許會做一些修正，但是基本的核心未改變多少。

情緒的功能

大部分的情緒研究者都同意，情緒至少有兩種特質，一是具有快樂與否的評價（可分類為愉悅或痛苦），另一是可引起人們行動的動機（Carlson & Hatfield, 1992, p.13）。情緒的功能基本上有：警告與求生（或適應環境），社會功能（了解他人情緒、與人互動、同理心），以及生命體驗之功能。大體說來，學術上將情緒歸類為具有「因應」（coping）與「社會」兩項功能，前者像是保護、破壞、繁衍、整合、歸屬、拒絕、探索與導向；後者包含將我們的感受溝通給他人知道，規範他人與我們互動，邀請與催化社會互動，以及創造、維持與瓦解關係（Izard, 1989, Manstead, 1991, cited in Reeve, 1997, pp.287-291）。

情緒有適應環境的功能，通常與求生有關。負面情緒可以讓人專注於當下的情境，將所有資源都聚焦在有限的行動中；而正面情緒則可以協助個體拓展視野、改變想法與行為，也促使個人成長，有保護個人的功能，用以因應未來可能的變數或緊急狀態（葉在庭，2011, p.3）。

情緒通常有向度，它們是：正負向、強烈程度與持續時間，個體判斷刺激或環境有助於個人動機、信念或目標的達成，就會產生正面情緒反應；反之，則會引發負面的情緒反應。有個回溯研究發現正面情緒較多者，其壽命較長（Danner, Snowdon, & Friesen, 2001，引自葉在庭，2011，p.3）。臺灣傳統的儒家文化，重視人際表面和諧，因此儘管有情緒，也常常在成人或威權制度要求「不准說」、「不准表現出來」的潛規則下，孩子只能自己去歸納哪些是好（受歡迎）情緒、壞（不受歡迎）情緒，或是做錯誤歸因（自己是壞小孩），偶而在壓抑過當或是無法壓制的情況下，產生暴怒、失控等不可收拾的局面。孩子們不清楚情緒這個「巨獸」的能耐，在自己面對時不知如何因應或處理，或者就採用了錯誤的解決方式。然而，我們以往賴以生存的情緒功能，在現代科技與理性主導的社會，有時候可能會功能失常，就像是身體裡的盲腸一樣（Carlson & Hatfield, 1992, p.16）。

情緒包含的元素（Faucher & Tappolet, 2008, p.106-110）

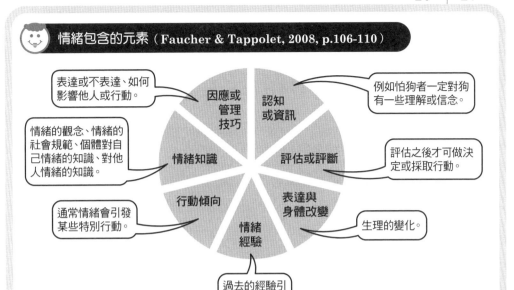

表達或不表達、如何影響他人或行動。 — 因應或管理技巧

例如怕狗者一定對狗有一些理解或信念。 — 認知或資訊

情緒的觀念、情緒的社會規範、個體對自己情緒的知識、對他人情緒的知識。 — 情緒知識

評估之後才可做決定或採取行動。 — 評估或評斷

通常情緒會引發某些特別行動。 — 行動傾向

生理的變化。 — 表達與身體改變

過去的經驗引發特定情緒。 — 情緒經驗

情緒要素

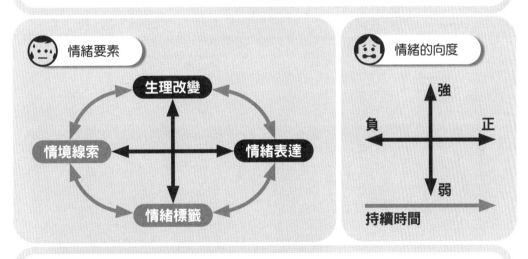

生理改變

情境線索　　情緒表達

情緒標籤

情緒的向度

強

負　　　　正

弱

持續時間

情緒適應環境的功能（葉在庭，2011, p.3）

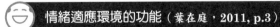

恐懼 功能 使人逃離危險。

生氣 功能 使人採取行動，甚至攻擊。

噁心 功能 使人吐出有害食物。

滿足 功能 穩定、沉著與放鬆，個體感受自己被接納。

興趣 功能 新鮮有趣的經驗，讓個體願意冒險與挑戰。

享受 功能 在安全與熟悉的環境裡，可安排或專注於自己的目標。

2-5 情緒的區辨

我們對於情緒的知識是先從知道與了解自己有哪些情緒、哪種情緒如何稱呼等開始。然後累積生活經驗之後，就可以建立與儲存不同情緒與情境的「心理表徵」（mental representation），協助我們了解自己在面對不同情境時會產生何種情緒，藉此評估是正面或負面情緒，並做適當預測及處理（Reeve, 1997, p.324）。區辨情緒的能力，可以讓我們清楚自己的情緒是因何而被激起，又代表什麼意義，接著我們才會做進一步了解與處置動作。

若無法區辨情緒，不知道情緒所蘊含的意義為何，就無法進行下一步的處理動作。有時候在誤解情緒的情況下，做了錯誤的處理，影響層面就很廣大。女孩子若無法區辨焦慮感與飢餓，很容易罹患「飲食失調症」（Goleman, 1997/2015, p.7），也就是將焦慮誤以為是飢餓，因此大量進食，然而進食之後又有罪惡感，焦慮身材因此變形，所以就進行食物清除的動作（如吃瀉藥或引發嘔吐）。若是認為自己的情緒容易受到影響（或過敏），或是擔心自己沒有感受如行屍走肉，這些人很可能採用自傷的方式來調節情緒。或為證明自己「活著」，而以自傷方式來「抑制」自己澎湃的情緒，或是看見血液流出來、知道自己有感覺——如「會痛，所以是活著的」（Hollander, 2008/2010）。

自我心理學派的學者阿德勒發現，父母或師長可以從自己所感受到的情緒，去了解孩子行為背後的動機（如右圖），藉此研擬出較適當的教養與因應方式。當然，相對地也讓父母和師長可以覺察與區辨自己的情緒，以及思考可能的做法為何。家長也可以教導孩子推測這些情緒感受，學會同理他人、增進自己的人際能力。

若從生物學角度出發，認為情緒只是生理上的活動，是生理上的活動或變化「引發」了情緒；而持認知角度的學者卻認為，需將情境做評估之後，情緒才會產生。然而，情緒與生物及認知兩因素都有莫大關連，「認知」部分就與我們自己主觀的解讀與判斷有關；換句話說，區辨情緒也與自我的經驗和性格關係密切。許多人因為「誤判」情緒而引發人際困擾、衝突，甚至造成自傷、傷人等不可收拾的後果。因此如何客觀、正確地評估與區辨情緒，就非常重要，因為會影響接續下來的行動／行為。

區辨情緒通常涉及認知與評估的動作。評估分為「初級」（primary）與「次級」（secondary）評估；前者是自動評估相關因素、確定個體是否遇到危險，因此可能需要考量身體安全、自尊、目標、財務狀況、尊重他人及所愛之人的福祉；後者則是經過反思之後，涉及個體要如何因應眼前的情況（Folkman & Lazarus, 1990, cited in Reeve, 1997, pp.319-320）。「認知評估」可以決定情緒的方向與強度，西方人在情緒強度的表現上比東方人更強。

小博士解說

精神分析學家佛洛伊德研發了許多技巧，用來協助當事人釐清自己的糾結情緒，包括催眠、情緒宣洩、自由聯想、夢的解析等。

了解自己情緒：從感受看對方的可能動機（可用於了解孩子）

家長自己的感受	煩躁	生氣	受傷	無望或無助	無厘頭
孩子行為的可能動機	引起注意	權力鬥爭	報復	自暴自棄	興奮、刺激

 快樂的來源（Carlson & Hatfield, 1992, p.313）

 期待的與獲得的

被公平對待與否

基本需求（食物、遮蔽物、安全、隸屬與自尊）被滿足時

 正面情緒與負面情緒的優缺點（Daniel Goleman, 2011/2013, pp.36-38）

正面情緒

優點
★ 較有創意。
★ 較有能力解決問題。
★ 心理彈性較大。
★ 做任何決策都較有效率。
★ 降低壓力情境造成的影響。

缺點
★ 不會區分論點強弱。
★ 太快下決定。
★ 容易忽略細節。

負面情緒

優點
★ 即便在做枯燥工作，也會較注意細節。
★ 較多疑，不會只仰賴專家意見，會不斷問問題，做出自己的結論。
★ 憤怒讓我們專注於排除阻擋目標的障礙。

缺點
★ 自己與身邊的人都不愉快。
★ 對正在考慮的事情都帶著負面的偏見。
★ 判斷力變偏頗。
★ 不好相處。
★ 破壞團隊和諧。

✚ 知識補充站

　　大腦不僅會在意識層次裡處理臉部的表情，也會在潛意識層次裡做處理，而杏仁核在潛意識的情感運作中，扮演重要角色（Evans, 2001/2005, pp.128-129）。

2-6 社會文化與情緒教育

人類與生俱來的共通情緒，以一種超越文化的方式將所有人性連結在一起，而普遍共通的基本情緒，也說明了生物的本性。文化對情緒有明顯的影響力與區分，儘管如此，文化之間的共同點還是多於差異性，而每一種文化對其情感表達的可接受度，都有一些規範（Evans, 2001/2005）。像是東方的日本與臺灣，在集體文化的影響下，較不鼓勵公開展現自己的情緒，但是西方社會如美國，在崇尚個體主義的氛圍下，鼓勵表達個人情緒。儘管如此，可以表達的程度或形態也有規範（如不可當眾體罰孩子）。

情緒教育無法在真空情況下進行，這也點出了社會文化對情緒教育的影響。家庭是個體第一個、也是最重要的社會化場域，家長擔任孩子進入社會的主要教育與提攜者，所傳承的教育是社會規範與技能（社會文化）。社會教導我們「應該」要表現出怎樣的情緒，同時也掩飾或偽裝我們的真實情緒（Carlson & Hatfield, 1992, p.19）。日本人會說出自己歡樂的情緒，但也最常掩飾負面情緒（如同臺灣人的「報喜不報憂」），相較於美國人則會表達其強烈的情緒（不管正負面），而西班牙和以色列人相對於英國及德國人，在激發情緒的境況中表現較為沉默（Ekman & Friesen, 1971, Cosnier, Dols, & Fernandez, 1986, cited in Brotheridge & Taylor, 2006, pp.172-173）。

儘管與西方文化相比，東方文化似乎較能允許個人直接的語言攻擊，卻較難忍受間接的語言暴力，也不鼓勵個人在公開場所表現情緒，尤其是展露氣憤的情緒，會被視為一種脆弱的表現（Holmes & Tangtongtavy, 1995, Triandis, 1995, cited in McColl-Kennedy & Smith, 2006, p.258）。西方重視情緒教育，因為將情緒視為個人自我的一部分，若要施行全人教育，自然也需涵納情緒教育。東方人的含蓄與求全，較不願意公開表露私人的情緒，因此許多人表現出來的是社會可接受的情緒，反而沒有進一步去探索或了解自己真正的情緒與感受（像是生氣的背後，可能要表現的是羞愧、失敗、難堪或悲傷）。這些真實而複雜的情緒，若能夠被覺察到、了解且說出來（被認可），就是「同理心」的表現，而「同理心」是人際關係最重要的能力之一。

儘管東西方對於情緒的約束不同，但並無優劣之分，像是鄰國日本屬行「恥」的教育，重視每位國民自律的修為，也因此不容易做出讓自己或家人覺得丟臉或羞恥的行動，如三一一大地震居民領取救濟物資的井然有序，大大撼動了全球。東西方不同的社會文化，正好說明了情緒教育兼顧「表達」與「管理」的重要性。

小博士解說

社會的情緒表達規則通常是以生理性別為依據，因此若男性表現出哭泣或示弱的情緒，會被視為不符合男性（情緒）規範、「很娘」，相對地，女性若表現出男性特質，卻是被肯定、讚許的，可見有嚴重的「性別歧視」傾向。

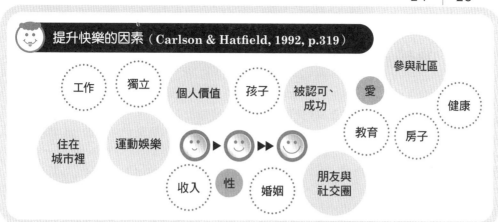

提升快樂的因素（Carlson & Hatfield, 1992, p.319）

工作　獨立　個人價值　孩子　被認可、成功　愛　參與社區　健康

住在城市裡　運動娛樂　教育　房子

收入　性　婚姻　朋友與社交圈

防衛機制（用來保護自我免於過多引發情緒痛苦的傷害）

防衛機制方式	說明
壓抑（repression）	主動地將具威脅性的想法、記憶或感受，驅趕出意識之外，壓在潛意識裡。壓抑也可能會造成轉形的反應（conversion reaction），就是將心理（或情緒）上的情況轉換成生理上的徵狀。
否認（denial）	不承認令人痛苦的經驗或記憶，可以讓人暫時遠離現實，獲得紓解。
轉移（displacement）	將無法接受的威脅或衝動，以社會可接受的方式表達出來。像是不敢對老闆發脾氣，就把氣出在自己配偶身上。
解除（undoing）	對某一個已經發生的、不能接受的衝動或行為，在事後以象徵性方式來因應，似乎安慰自己這樣就「解除」了那個行為可能帶來的後果。像是駕車輾過一隻生物，會說「阿彌陀佛」來為自己解厄。
反向行為（reaction formation）	自我為了規避有威脅的衝動，而表現出與該威脅相反的行為，像是很害怕某人、卻對某人表現出善與順從。
退化（regression）	退回到之前發展階段的行為，即使已經成年，卻表現出不適齡（如孩童）的一些行為，像是咬指甲、蜷縮成在母親子宮裡的模樣、發脾氣等。
固著（fixation）	當個體的情緒未能從一發展階段進行到下一個而產生的情況，甚至因為害怕失敗而縮回到之前的發展階段，像是「分離焦慮」或「發展凍結」（frozen，發展停止在當下，不繼續往前進）的情況。
防衛性投射（defensive projection）	將自己無法接受的衝動或願望歸咎於他人（物）。像是自己很自私卻告訴他人要慷慨、不可自私。
昇華（sublimation）	將不被接受、有威脅的衝動，轉變為可以接受的，甚至令人稱羨的。像是創作與球賽。
合理化（rationalization）	當表現出不被接受的行為或具有威脅性的想法時，為自己找「合理」的解釋，像是「酸葡萄心理」，其目標就是避免我們受到無法控制情緒的干擾或傷害。
防衛認同（defensive identification）	或稱之「內射」（introjection），與「投射」（projection）相反，是將他人的特性納入，藉以減輕自己的焦慮或負面情緒，因此也會「吸收」一些他人的特質。像是自己成績不如人，就與成績好的做朋友。
投射認同（projective identification）	拒絕對自我有威脅的特性（如衝動），然後將之投射給他人（如指責他人的「衝動」）。

2-7 情緒社會化

一般來說，成人照顧者都會教導孩子去認識與表達情緒，也就是協助孩子社會化（融入社會）的一環。他們會藉由言語連結情緒經驗的方式來做，像是在何種情境下會有什麼情緒、有什麼肢體動作表現，及使用情緒的字彙，而教育者則會針對孩子適當的情緒表達，做增強或讚許。因此一般孩童在生命早期就已經開始接受情緒社會化的教育，也很早就學會情緒管理的重要性，甚至壓抑情緒。例如幼兒園的老師會與孩子維持情緒上的距離（Peterson, 2007, p.123），或許是擔心太過同理，而影響教育與管教。

有研究者比較美國及中國母親與嬰兒的互動，發現美國母親對於情緒採取解釋的方式，而中國母親則是以情緒批判的方式為之，較少解釋情緒（Wand, 2001, cited in Reissland, 2012, p.68）。由此可見，個體從出生開始，其情緒之發展受到鼓勵或挫敗，還是與主要照顧者有關。怪不得許多心理學派提到人格違常或心理疾病，都會提到依附關係（嬰兒與主要照顧者的關係）的重要影響。

中國家長較不鼓勵情緒的表達，自然也就讓孩子接收到這樣的訊息（所謂的「內射」），於是解讀成「情緒是不應該表現出來的」，對於自己的情緒採取否認、壓抑的機制去防堵，也就否認了自己的一部分。

華人父親的嚴厲管教態度，影響孩子的情緒調節與攻擊行為（Chang, Schwartz, Dodge, & McBride-Chang, 2003，引自賴俐雯、金瑞芝，2011, p.45）。臺灣人因為社會關係或文化內共享的態度（要求自制），而阻礙了直接表達情緒問題（張珣，1989，引自林綺雲，2004, p.192），也為了維持人際和諧，較容易以摒除負面情緒的方式來處理情緒（葉光輝，2002，引自賴俐雯、金瑞芝，2011, p.65）。因此即便有憂鬱情緒，也歸咎為個人自制力的問題，像是自殺事件，也將責任完全放在個人身上，讓個體承受了許多不可承受之重，甚至因此而沒有適當、有效的救助管道跟進。

一般人會以笑容來掩飾負面情緒，像是害怕、生氣、挫敗或噁心等（Carlson & Hatfield, 1992, p.190），東西方文化皆同。然而，不管是東方或西方文化，都有不同的「社會規範」與「情緒表達規則」，藉此約束與管理群眾，這些都是「社會化」的一環。固然在公眾場合或與他人互動時，需要規範來協助維持次序或和諧，然而，同時也需要讓個人可以適時、適當表達情緒，才是健康社會所欲達的目標。

小博士解說

情緒的社會化，通常是以不同社會的「情緒原則」來規範，但是這些情緒原則都是隱微的潛規則，也就是沒有明顯的條文規定，其制裁方式也是以公眾的眼光或行為進行。

情緒重要發展的里程碑（Stanley, Thorndyke-Greenspan, 1985, cited in Carlson & Hatfield, 1992, pp.270-272）

情緒思考—幻想、真實與自尊的基礎，例如學會將想法納入情緒脈絡、了解因果關係、區分幻想與現實。

創造情緒理念，例如有心理表徵（家人不在身邊亦可憑空想像其形貌）。

自我組織感的浮現，例如了解事物的意義、關係與行為。

發展有動機的溝通，例如學會對他人做反應、施與受。

陷入愛河，對周遭世界感到好奇與興奮。

自律，與對世界產生興趣。

出生～3 個月　2～7 個月　3～10 個月　9～18 個月　18～36 個月　36～48 個月

 個人情緒的差異（Thompson & Lamb, 1983, cited in Carlson & Hatfield, 1992, p.273）

情緒表現的範圍與強度不同。

有些總是快樂，有些偶而快樂。

反應性　快樂頻率不同

管理或因應情緒能力

容忍度不同。

＋ 知識補充站

當代表危險的害怕、緊張、生氣等情緒出現時，個體必須準備抵抗或逃避，因此自律神經的交感神經系統（sympathetic system）便會啟動，促使個體為緊急或危險的行動做準備。而在放鬆、安靜或舒服的情緒下（代表環境是安全的），則副交感神經系統（parasympathetic system）便會啟動，使個體開始保存能量，恢復到正常的狀態。

2-8 情緒的社會文化因素

我們所處的社群與社會，也會對個體的情緒表現有所規範，包括可以表現哪些情緒、情緒的強度如何等。由於情緒的破壞力可以很強，嚴重者會造成傷人與殺人，而正向的利用則是可以激起鬥志、做努力與堅持（如戰鬥或禦敵），因此需要特別做約束。

之前提過，家長是傳承社會文化的重要推手，自然也包含了情緒教育的部分，然而，倘若家長本身是受到原生家庭傳統情緒經驗的影響，極有可能在不自覺的情況之下，沿用了舊有、不適用的情緒教導方式，對下一代來說未必是好事，也可能引發家庭衝突或個人情緒及心理問題。本節會就情緒的社會文化因素與其影響做介紹，最後則是簡介一般的情緒處理過程。

一、情緒的文化制約與意涵

不同的文化與民情，也影響著其族群對於情緒之感受與表達。許多文化心理學研究，是針對不同文化間對於基本情緒的表達做比較，從中可以一窺不同文化背景的可能差異。

像是西方國家如美國，可以當眾擁抱或是表達愛意（如接吻）；華人文化對於關愛與愛惜，較不會以肢體接觸（如擁抱）方式，但拍肩或輕拍背部是常見的。華人或許不會在人前表達自己的不同意或不滿意，而是在私底下飆罵或詛咒。華人對於孩子的愛護，可以從小時候常常擁抱與親暱行為看出來，但是在孩子長大成人後，這些行為卻極少出現；不像美國人自孩子出生後就重視其獨立、讓其單獨睡一間房，但是表示愛與安慰的擁抱，卻不因年紀漸長而消失，這些也都有其文化的意涵。

當然，情緒或感受的意義，還是需要將其環境或發生事件脈絡一起考量，而不是完全以當事人的表情或肢體動作來評估。

情緒的管理也有文化的意涵或制約，相對於西方社會，我們是集體主義的國家，個人不重要，集體或家庭宗族才重要；個人常常隱身於團體中、不受到重視，因而個人的成敗也關乎家庭或社會的成敗。換句話說，我們傳統文化不鼓勵個人或其獨特性的彰顯，若有人強出頭，就會被打下去或受到指責，因此也犧牲了個人的獨立自主性。

對於情緒的處置亦同，東方人認為情緒是私我的事，不應該隨意展現在他人面前，同時也想要維持表面的和諧，這麼一來，當然也影響到人際互動（甚至讓人際關係複雜化），常常不敢說真話，而與他人形成「曖昧溝通」，或讓對方猜測得很辛苦。臺灣人普遍在他人面前壓抑情緒，卻將無辜的家人當成出氣筒，這種「雙輸」局面幾乎天天上演！

因此，儘管社會文化不同，還是要維持群體「和諧」與展現個人「真實感受」之間的平衡，這也是情緒教育的著力點，不能顧此失彼。

文化與情緒覺察

- 觀察一般人在社會中會公開表現的情緒為何？與之前的世代有無差異？
- 觀察不同文化或族群對於喜怒哀樂的表現是否有差異？
- 檢視自己在不同場合或面對不同對象時，自我的情緒展現有哪些顧慮或不同？
- 檢視自己的文化對於情緒的表達有何潛藏規範？

檢視自己的性別相關情緒

- 你會不會因為自己是男性，就強壓住激動難受的情緒，不敢表達？
- 妳會不會因為自己是女性，就刻意表現脆弱、哭泣以博同情？
- 你會不會認為自己的發言被女性反駁而惱羞成怒？
- 妳會不會擔心自己在眾人面前說的話不被尊重或重視？
- 你會不會害怕萬一流露出感性一面，會受到同儕撻伐？
- 妳會不會擔心被說是「婦人之仁」，而不敢挺身支持正義的一方？
- 你會不會常常用生氣掩飾自己可能的羞愧或難受？
- 妳會不會擔心女性溫柔形象受損而不敢發聲？

＋ 知識補充站

　　大腦的前額葉皮質與邊緣系統有密切聯繫，其功能是調節行為，使其靈活變通，也控制情感與基本情緒行為（梅錦榮，1991，p.97）。

2-9 **情緒的社會文化因素（續一）**

一、情緒的文化制約與意涵（續）

文化制約基本上是壓制或抑制情緒的奔放或爆走，但也可能產生極端的情況。個人若是情緒覺察較遲鈍或較差，自然也影響其管理與抒發。許多人在人前為了面子或維持關係，不太展露自己真實的情緒，或是只在私底下（或找「安全的對象」）發洩。然而這樣隱忍持續下去，會在某一刻自己也沒有準備好的情況下就爆發，其後座力更強！

有些人不敢觸碰自己的情緒狀態，或許是深怕自己失控的話影響更大，但是有極少數的人以極端方式來控制自己的情緒，像是「自傷」。依據學者 Michael Hollander（2010）的研究，習慣自傷者基本上是以自傷的動作來控制情緒，其一是擔心自己「無感」，因此用自傷的「痛」來證明自己還「有感（覺）」；另一則是擔心自己情緒崩潰、無法收拾，所以用自傷來「管理」自己即將失控的情緒。

自傷一不小心會演變成「自殺」的後果，然而，自傷與自殺的基本動機不同，前者不是以「死」為目的，而且一般自傷者不喜歡讓人看到其自傷或自傷後的傷痕。若是主動出示或故意讓人看見自己自傷的動作或痕跡，其目的可能不同，就如同幾年前許多國中生集體自傷事件，可能是同儕互相模仿或同儕壓力使然。當然也有些人讓他人覺得「是不是太敏感了？怎麼爆點這麼低？」好像隨時都會引發其情緒，讓人不敢親近，即使如此，也可能是自傷的潛在危險族群。

二、情緒的性別化

情緒的社會化過程與內涵，還會受到性別因素的影響。像是一般大眾對於女性與男性表現情緒的接受度就不同，我們觀察一般生活中的情況就可以知道，像是男人可以生氣、女人可以哭，就是因為社會文化約定俗成的規範使然。

美國的男性研究指出：男孩子因被迫提早與母親分開而產生情緒（特別是憂鬱症）問題，女性則沒有這方面的約束。但是女性與母親之間的關係也有糾結的問題（較少自我空間、未能獨立做決定），臨床上發現女性自傷行為與母女情結關係密切（邵湘雅，2006）。

女性較容易隱藏情緒（或是向內攻擊），男性若有情緒困擾時多會採分心策略，或向外攻擊（破壞物品或打人）。「媽寶」的問題，通常是指男性過度依賴女性（母親），未能展現出社會要求男性自主獨立與堅強的期待，因此才會被一般人唾棄或鄙夷。從這裡也可以看出，性別的社會化不僅是家長或父母的職責之一，許多社會人士或教育單位也被期許分攤這樣的責任。

社會文化對不同性別的情緒規範與約束，通常是針對生理性別的行為表現，有明顯或不成文的規定；社會文化本身不僅規範情緒表達規則，也主導了我們的道德行為表現（Shweder & Haidt, 2000）。女性通常以關係、責任與照顧他人為身分認同的核心，男性則是奠基在分離、獨立，強調自我與個人成就（Belenky, Clinchy, Goldberger, & Tarule, 1997; Gilligan, 1982）。

情緒表現與性別刻板化

★ 壓抑自己。
★ 拙於言詞。
★ 男兒有淚不輕彈。
★ 容易被激怒。
★ 容易用語言或暴力解決問題。

★ 表達的情緒為哭鬧、撒嬌、耍賴、不講理或歇斯底里。
★ 較容易以言詞傷人、貶損或攻擊他人。
★ 容易受到語言刺激。
★ 委屈隱忍。

 情緒發展模式（Faucher, Tappolet, 2008, pp.114-118）

生物決定觀點	至少有一族群的情緒（如基本情緒）有遺傳基因決定的時程表。
發展系統觀點	結合遺傳與演化論。
社會建構觀點	短暫的社會角色，受文化因素影響。

＋ 知識補充站

右半腦比左半腦在理解情緒上更重要。左半腦較善於文字的認知（包括形容情緒的文字），然而在辨識不同情緒時，右半腦表現較佳。也就是當我們聽到一個訊息時，左半腦會評估訊息的意義，右半腦則評估聲音裡所表達的情緒為何。左半腦較擅長處理正面情緒，右半腦則擅長處理負面情緒（Carlson & Hatfield, 1992, pp.193 & 194）。

2-10 **情緒的社會文化因素（續二）**

二、情緒的性別化（續一）

一般社會將女性視為情緒化、照顧與滋養的刻板印象，男性則是理性、邏輯與獨立（Lewis & Simpson, 2007, p.3）；女性較善於語言與情緒的表達，男性則以成就或工具性功能（達成目標的行為）為擅長。較不鼓勵男性表現出退縮、悲傷或忌妒情緒，因為這些是屬於「脆弱」或「女性化」的情緒，也都與社會文化的要求與教育有關。因此，男性的羞愧或挫敗情緒就容易以「生氣」方式偽裝（因為「生氣」是社會允許男性公開表現的情緒），女性的氣憤情緒會以「難過」或「哭泣」方式掩飾，所以要真確了解個體真正的情緒，還需要將社會脈絡與規約考量在內。

不分東西方，都較容許女性表現出脆弱、害怕或悲傷，而男性表現憤怒或果決，可見東西方還是男性主導的父權社會。情緒也是我們與他人互動時的重要線索與反應，倘若不能有真正的情緒表現，當然也會妨礙溝通與對彼此的了解。不同性別會因為所受訓練或社會約束不同，而讓溝通與互動產生變數。

若是男性表現出不符合社會對男性情緒的期許，就會受到奚落、訕笑或排擠（例如「很娘」、「你是不是男人」）；相對地，女性若表現出不符合其性別的情緒，就可能被抵制、霸凌或忽略（如「男人婆」、「留些給人探聽」）。難過情緒的起因，通常是因為分離、被拋棄或失敗。在我們將男性視為工具性導向、女性視為關係導向的社會文化下，男性就會對自己的失敗更在意，甚至認為是自我認同的失敗。

我們的情緒表現與性別社會化有關，而性別也約束了我們表達情緒的範圍與方式。一般生活中，我們會說「我覺得……」其實是「我認為……」，表達的內容是想法或觀感，而不是感受或情緒。我們面對不同性別的人，也需要了解其個性、性別與情緒的社會化過程及表達方式，這樣才能夠與其做更好的互動或溝通。許多年前，市面上流行一本《女人來自金星，男人來自火星》的書（John Gray 著），其重點大概是說：男性與女性是大大不同的，男性有心事時，就像「穴居人」一樣，會躲入自己的洞窟或斗室去獨處、思索，女性則多半是找人聊聊、抒發悶氣。這其實也說明了性別（情緒）社會化的部分事實，其中當然也有例外。男性常常以埋頭在工作裡來掩藏自己的情緒，因此造成男性不處理情緒的習慣，最後可能導致情緒大暴走、自傷或傷人的結果。

小博士解說

「男性」特質是較被讚許的，而女性管理者在職場上的特質是「兩性兼具」，比較願意聆聽屬下的意見、激勵員工，也較擅長溝通，與部屬維持良好關係。

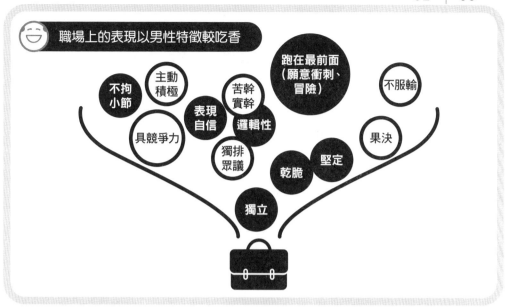

職場上的表現以男性特徵較吃香

不拘小節　主動積極　苦幹實幹　跑在最前面（願意衝刺、冒險）　不服輸　表現自信　邏輯性　具競爭力　獨排眾議　果決　乾脆　堅定　獨立

情緒反應簡圖

表情變化　生理反應　認知評估　情緒主觀經驗　做出反應

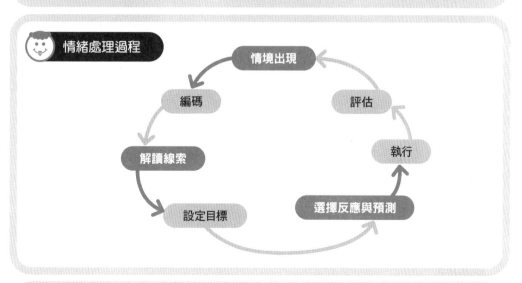

情緒處理過程

情境出現　評估　執行　選擇反應與預測　設定目標　解讀線索　編碼

＋ 知識補充站

社會對男性的約束／規範較明顯，但不管哪一種性別，都承受社會對其性別規範的莫大壓力。

2-11 **情緒的社會文化因素（續三）**

二、情緒的性別化（續二）

男性自小就被教導要控制自己的感情，因此女性比男性更願意表露自我，也願意與同伴分享感受及想法。兩性在語言溝通上，也大大不同，女性語調較富於變化、表情豐富，男性音調較無變化，且口語表達較差，也無法解讀一些身體語言；女性會將其想法說出來，在壓力及沮喪情況下，藉由與信任之人分享、談論，獲得抒解或得到關心與支持，男性則剛好相反，在壓力或受傷時，通常會停止溝通，變得沉默而孤立，這是為了讓自己冷靜下來，以便獨自專心的面對問題（John Gray，1992，引自謝臥龍與楊展慧，1996）。

不管是東西方社會，女性求助頻率遠遠高過男性，而求助於專業人員的情況亦同。在日常生活中，還沒有衛星系統導航（GPS）的情況下，男性即便不熟悉路況，寧可去翻地圖或是憑藉自己的方向感去找路，女性通常是想要下車去問路的人。進入諮商室求助的也以女性居大多數，除非是有關生涯或職業的問題，男性才願意被轉介或向諮商師求助，這也是體現社會文化規範不同性別之一隅。

此外，還要加上世代不同，個體表達情緒的方式可能有差異，現代的年輕族群較願意表達自己的情緒與情感，然而相對地也較不會觀察與體會他人的心情。

三、情緒處理過程

對情緒的評估有助於情緒的彈性因應，天生的情緒特質也可以做改變，我們在社會中所擔任的角色可以形塑我們的情緒特質（Faucher, Tappolet, 2008, p.130），因此情緒是可以改變的。隨著個人社會經驗值與歷練的增加，學習到人不是孤單存活在世界上，需要獨立及與他人互動合作，也有機會遇到不同背景或文化的人，需要進一步做自我調整，或是省思該如何與類似的人交流溝通或拒絕，這些都會增加我們的挫折忍受力與情緒智商。一般的情緒處理過程如右圖，然而，是不是每個人在每一次的情緒事件中，都會經歷這些程序？可能不一定。

每個人對於情緒事件的認知與解讀不同，加上可用資源及具備的問題解決能力有異，因此情緒處理方式多元，只要是對當事人有效的或結果較佳者，同時不妨礙他人權益或社會秩序，都是有效的處理方式。處理自己情緒或許較容易，比較重要的是：在面對他人的（尤其是負面）情緒時，如何因應與自處？

小博士 解 說

大腦的顳葉皮質功能有三：1. 接收與詮釋聽覺、整合視覺訊息；2. 長期儲存訊息；3. 為訊息賦予情緒的意涵（梅錦榮，1991，p.121）。

情緒處理過程（Cassady & Boseck, 2008, pp.15-19）

Step1	**編碼（encoding）**	個人注意與自己情緒有關的內在及外在線索，若是解讀錯誤，可能就會對他人行為做錯誤歸因。
Step2	**解讀線索（cue interpretation）**	一旦訊息從社會與內在系統進入，且被注意與接收到了，個體就必須要解讀這些線索，這得靠個體既存的知識基礎。
Step3	**設定目標（goal articulation）**	個體一旦將社會與個人線索做了解讀，就要進行目標的設定，這與個體文化背景與先前經驗有關。
Step4	**選擇反應與預測（response selection and prediction）**	執行個體的自律反應，啟動因應策略。
Step5	**執行（enactment）**	執行所選擇的反應或因應策略。

 情緒資訊處理模式（Cassady & Boseck, 2008, p.15）

線索解讀
· 歸因
· 心智表徵
· 情緒反思

編碼
· 內在情緒
· 外在社會線索
· 情境變項

知識基礎
· 過去經驗
· 社會期待
· 文化模式
· 有效目標
· 有效因應過程
· 規則及指導原則
· 默許知識（tacit knowledge，不可轉換為書寫方式的知識，如樂器演奏。）

目標清楚
· 建立期待
· 認清個人需求
· 檢視資源

情境事件
· 外在變項
· 個人情緒
· 脈絡因素

反應模組建立與預測
· 找出可能的行動
· 評估效果
· 因應機制
· 檢視資源

行動
· 執行已選擇的行動
· 評估成功
· 檢視修正的情境

家庭作業

① 記錄自己一天的情緒（包括發生事件、感受或行為）。

② 觀察他人的情緒表現，從哪些面向可以看出來？

③ 觀察他人在某事件中的行為表現，看能否猜測出其可能有的情緒。

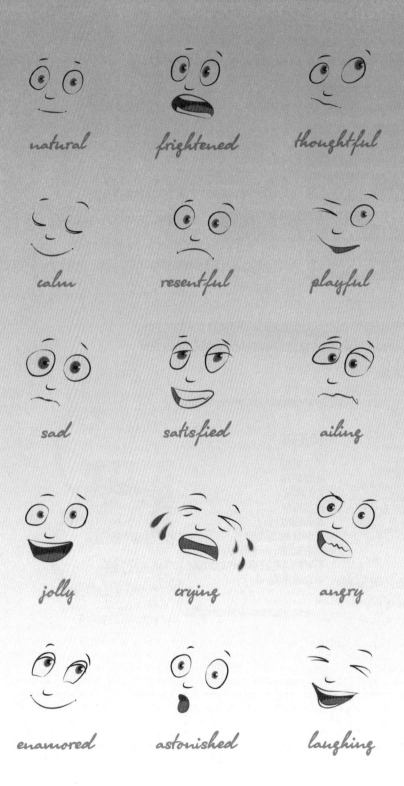

natural   frightened   thoughtful

calm   resentful   playful

sad   satisfied   ailing

jolly   crying   angry

enamored   astonished   laughing

第3章
家庭與情緒教育

學習目標：

　家庭是情緒教育的源頭，個體不僅從家庭與主要照顧者發展重要的依附關係，個人的許多情緒反應與表現方式也與家庭教育息息相關。家長該如何進行情緒教育，關乎個人未來的發展與身心健康。

3-1　家庭與情緒教育

3-2　家庭與情緒教育（續一）

3-3　家庭與情緒教育（續二）

3-4　家長如何進行情緒教育

3-5　家長如何進行情緒教育（續一）

3-6　家長如何進行情緒教育（續二）

3-7　家長如何進行情緒教育（續三）

3-1 家庭與情緒教育

情緒與個人天生的氣質有關（Bates,
2000），而情緒也是適應環境的過程（葉
在庭，2011, p.3），家庭是情緒教育的
起點，也是個體社會化的最重要場所，
父母是孩子最重要的情緒教練。孩子是
很好的觀察家，即便在還無語言表達的
能力時，已經會觀察學習。一般來說，
孩子從觀察人際互動中的感受開始，接
著學習適當的情緒字彙、談論自己的情
緒，最後才知道如何管理情緒。也就是
說早在嬰兒學會語言之前，社會與情緒
的發展就已經開始了，而語言的發展與
情緒經驗是不可分割的（Reissland, 2012,
p.58）。父母的情緒教育自然要從身教開
始，情緒教育不能單獨以講授方式為之，
而是需要在社會情境脈絡下進行，會讓
孩子更清楚明白其意義與使用境況，而
正確地辨識情緒，有助於人際關係之發
展（Bornstein & Arterberry, 2003, cited in
Reissland, 2012, p.22）。

依附關係與品質

嬰兒與主要照顧者之間的關係就是所
謂的「依附關係」，是所有人際關係的根
本，也會影響孩子未來的發展與整體健
康。美國加州大學的研究者發現，無條
理與（或）混亂的親職照顧，可能會破
壞腦部的發展，而且會導致孩子在青少
年或成人時期的情緒問題；不穩定的照
顧，可能會增加孩子往後發生心理疾病
的可能性，像是憂鬱症。

這個研究的發現提醒我們：當我們在
照顧嬰兒時，若是「人在心不在」，不是
全心全意在做照顧工作，就可能危及孩
子的身心健康。照顧者與孩子「有來有
往」的互動，可以協助孩子發展語言及

情緒技巧。處於數位時代的現在，若家
長本身沉浸在數位產品裡面，在照顧孩
子時可能就會心不在焉，情緒上也不太
能夠與孩子聯繫，自然對親子關係產生
負面影響（Goodwin, 2016）。

嬰兒大腦內多巴胺接收器的愉快迴路
尚未發展，而且他們需要可預測的一連
串事件，來讓這些迴路成熟，若沒有這
樣的可預期性，嬰兒的快樂系統就不會
成熟。延伸到青少年期，他們就很難感
受到快樂，甚而從事危險行為，或是自
藥物或酒精中去追求快樂感受。

研究發現，與父母或照顧者溫暖的
關係，可以協助孩子腦部的建構；孩子
若有一個有反應、溫暖、關愛的母親，
就會比他們的同儕（那些沒有受到同
樣反應關注的嬰兒）有更大的海馬迴。
（Goodwin, 2016, pp.38-39）

學習如何自我管理，以及處理我們
的情緒，是非常重要的生活技巧。有些
家長常常使用一些玩具或是新奇的物品
（如手機）來撫慰或轉移孩子的爆發
情緒，或是企圖改善孩子的無聊或挫折
感，孩子們就無法學會自我管理的技巧
（Goodwin, 2016, p.48）。現代孩子的溝
通與社交技巧，也會因為使用科技產品
的習慣而受到阻礙。研究發現，常常看
電視的孩子，容易在日後成為被霸凌的
對象。主要是因為他們只是被動地接受
電視節目的洗禮，缺乏與人互動的直接
經驗，因此社交技能就有缺失、較不會
解讀他人的身體語言，而若孩子重複地
暴露在網路霸凌中，可能後果更嚴重，
包括憂鬱症跟自傷。（Goodwin, 2016,
p.52）

照顧者與孩子的情緒「同頻（attunement）」（Hughes, 2009/2011, p.18）

★ 照顧者與孩子所表達的情緒同頻（步調一致、反應符合需求），不受孩子的情緒影響而波動，孩子會體驗到被接納、了解與同理。

★ 照顧者與孩子的情緒同頻時，孩子就會調整自己的情緒狀態，不會表現極端情緒。

 安全感的發展與重要性（Hughes, 2009/2011, pp.22-27）

保證主要照顧者經常在場，人在心也在。

持續讓生活可預測，非變動不安。

謹慎處理突如其來的狀況。

管教同時增強安全感，不要動輒以「拋棄孩子」做威脅。

計畫即將發生的變動及分離，讓孩子有所準備與了解。

避免讓孩子孤立，不要因為照顧者生氣而不理會孩子。

如果孩子受到網路霸凌，建議家長採取以下行動

（Goodwin, 2016, p.53）

- 不要去回應霸凌者。
- 封鎖霸凌者，同時保留證據。
- 將這個事件報告給網路的管理者或學校。
- 要支持孩子度過這段時間。

+ 知識補充站

「情緒傳染」（emotional contagion）是指人們會「抓住」其他人的情緒；而「動作模仿」（motor mimicry）則是指人們會模仿他人的臉部表情、手勢、姿態等（Carlson & Hatfield, 1992, p.204）。

3-2 家庭與情緒教育（續一）

一、情緒教育從小開始

情緒教育要從嬰幼兒時期就開始，而且是父母（或主要照顧者）都要參與，除了適當回應孩子的需求外，也需要父母有同理心（專注傾聽，並從孩子的立場與觀點來理解及感受）。去確認孩子的情緒，不僅可以協助孩子了解自己、建立良好人際關係，親子關係更緊密，也可以讓他／她在面對挫折時，有自我安慰與療癒的功能（或是「抗壓力」），進一步讓孩子免於社會危害或去危害社會，使其生活更快樂（Gottman & Declaire, 1997/2015）。

在中國的家庭裡，孩子在家庭中很早就學會了抑制自己的情緒以維持和諧，孩子學習了解與他人互動的關係中，自己的位置在哪裡、清楚自己的角色，不像西方國家的孩子是藉情緒來了解自己以及與他人關係的健康界線為何；因此，中國人顯然會將緊張的情緒中性化，而在表達情緒上也較為克制自己，導致個人認為表達自己真正的感受是不重要的，因為這可能會對和諧關係造成破壞或威脅，然而這只是針對與自己有關的群體，若是對外人就不會如此（Krone & Morgan, 2000, p.85）。

二、家長以身作則最重要

曾有一位小二男生因為情緒容易暴怒，甚至遷怒他人而被轉介到輔導室，老師眼中的小男生「脾氣控管有問題」，但是我猜測小男生應該不是自己學會以暴怒的方式來處理事務的，於是我找媽媽來談，媽媽也承認自己的孩子偶而會失控。我問這位媽媽：「你的情緒管理如何？」媽媽低下頭來，不好意思地說：「我的脾氣也不好。」年幼的孩子是很好的觀察者，會將在家裡學習的運用到家庭外的人際關係裡，除非家長以身示範，讓孩子看見不同的情緒處理方式，孩子才不會只學習到發洩情緒的單一方式而已。

孩子從出生開始就會模仿（鏡映）他／她所觀察的人類行為（Goodwin, 2016），因此家長的身教最重要。父母對於孩子的情緒教育舉足輕重、影響最大，因為家長是孩子接觸的第一個效仿對象，父母自身的情緒表現與管理，可直接在孩子身上看見。父母要處理的包括孩子的所有情緒，若父母接納與支持孩子的負面情緒，孩子就會以建設性的方式處理自己的負面情緒（Eisenberg, Cumberland, & Spinrad, 1998, 引自賴俐雯、金瑞芝, 2011, p.43）。研究指出，父親與孩子的互動，比母子關係更能預測其學業成就及同儕關係（Gottman, 1977，引自賴俐雯、金瑞芝，2011, p.42），也就是說若父親參與幼兒之情緒教育，其效果比母親一人承擔要更佳！

若主要照顧者對幼兒的反應是負面的，孩子就會壓抑或展現出焦慮的問題，因此強調態度要友善而堅定，然而即便對幼兒祭出酬賞，仍無法立即表現出可欲行為時，就需要加強掌控，因為這樣的行為可能會發展成往後的攻擊行為（Bates, 2000, p.393）。

小博士解說

師長在進行孩子的情緒教育時，特別要注意「挫折忍受力」的養成，因此給予孩子適當的成功與失敗經驗是最好的，不要凡事為孩子代勞。

青少年子女在親子衝突中可能衍生的四種負面情緒
（葉光輝，2017, pp.136-138）

威脅感 子女擔心家長因為控制其資源及權利，而採取報復或懲罰手段。

自責感 需要家長之肯定與關注，會對自己的行為表示懊悔或直接咎己。

暴怒感 子女認為自己的自尊受損而有行為失控。

怨恨感 子女的許多行動在家長管轄範圍內，因此感到不公平或不甘心。

 親子間常見衝突形式（葉光輝，2017, pp.140-144）

真實衝突 衝突事件的外顯與潛藏內容完全一致。

替代衝突 雙方檯面上的外顯衝突與焦點是被頂替代換的，也就是雙方實際爭吵的是另外的內容。

假性衝突 雙方對客觀事實的認知或想法，不存在不一致，只是因為溝通不良所致。

＋ 知識補充站

「杏仁核劫持」是指情緒失控現象。杏仁核偵測到威脅時，就會立即接管大腦的其他領域（特別是前額葉皮質），這種失控現象會占據我們的注意力，只關心眼前的威脅，也使我們無法學習，會出現對抗、逃離或僵硬反應（Goleman, 2011/2013, p.64）。

3-3 家庭與情緒教育（續二）

二、家長以身作則最重要（續）

不同父母的教養作風，當然直接影響到對孩子的情緒教育。心理學的理論上歸類出四種教養風格（如右圖）。家長若是常常下「禁令」（如「不准」、「不可以」、「不行」或「不應該」），不僅會限制子女的情緒發展與判斷力，孩子還會認為父母是不喜歡自己的，影響其對自我的看法。像是我們以「男性為尊」的文化，到現在還是會聽到家長對孩子說：「男生不准哭！」孩子會以為有情緒是不應該的，或情緒不應該表現出來，因此就會採取其他策略，像是隱藏情緒，或是讓自己沒有情緒，後者往往是罪犯的候選人。而當孩子隱藏其情緒時，父母就更難了解孩子，更遑論進一步去安慰或採取必要的處置。

華人因為有集體意識與孝道傳承，因此子女經常以逃避或壓抑自己真實情緒與意見的方式，來處理親子衝突（葉光輝，2017, p.133）。學者建議孩子在與主要照顧者建立安全依附關係之後，接著就要有「互為主體」的經驗，也就是「跟孩子的體驗（或是跟另一位成人）連結，跟孩子一起去體驗、與孩子的情緒狀態吻合。因為成人的內在世界比較有深度和寬廣度，能將照顧者的個人經驗帶進孩子對事件的體驗，以協助孩子調整相關的情緒，而且找出意義。（Hughes, 2009/2011, p.41）。像是孩子不小心打破牛奶罐，當下可能會很驚慌，但是身為母親者可以跟他／她一起「欣賞」美麗的牛奶海之後，再與孩子一起收拾善後。這樣的處理方式，不僅能平撫孩子的驚慌情緒，還讓孩子學習如何看待可能的負面事件。

Gottman 與 Declaire（1997/2015）提出三種無效教導孩子情緒的父母。第一種是「忽視型父母」，認為孩子的情緒無關緊要，會以故意忽略或輕視的方式來處理孩子的負面情緒，讓孩子覺得表現出真實情緒是不被允許的，甚至也不清楚自己的真正情緒為何。第二種是「反對型父母」，反對型父母以批判的角度來看孩子的情緒，不願意去理解孩子為何有此情緒，甚至會以開玩笑或懲罰的方式來處理孩子的情緒，孩子因為表達情緒而受到孤立或懲罰，便認為表達情緒是危險、不被接受的，因此更常隱藏或壓抑自己的情緒，卻容易有「暴衝」的突發情緒，孩子也無法面對生命的各種挑戰。第三種是「放任型父母」，不干涉也不指導孩子的情緒，他們常常誤解憤怒與悲傷，以為是宣洩行為，放任型父母的孩子無法經由父母的教導而學會自我安撫及社交技巧，會成為孤立無援的人，也很可能有犯罪行為。

小博士解說

「互為主體」的特徵：分享情感狀態（情感調和），類似的覺察或注意的焦點，以及當下相同的意向（Hughes, 2009/2011, p.42）。

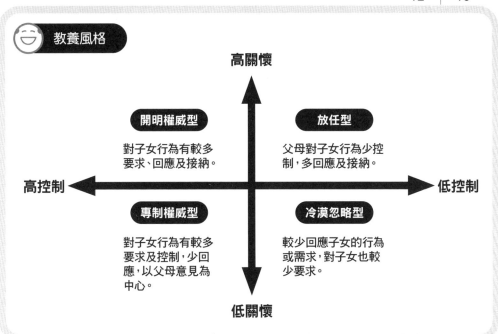

😄 **教養風格**

高關懷

開明權威型
對子女行為有較多要求、回應及接納。

放任型
父母對子女行為少控制，多回應及接納。

高控制 ← → **低控制**

專制權威型
對子女行為有較多要求及控制，少回應，以父母意見為中心。

冷漠忽略型
較少回應子女的行為或需求，對子女也較少要求。

低關懷

 葉光輝提出的臺灣孝道模式類型與特徵（2017, p.185）

高權威性孝道

權威型
· 與父母關係較不親密。
· 重視子女基本責任義務。
· 為了扮演好子女角色形象，會選擇自我犧牲，超過負荷時雖會覺得委屈，但較少溝通協調。

絕對型
· 與父母關係情感深厚。
· 以情感做為實踐子女角色義務的基礎，較有彈性。
· 認為付出情感、讓父母快樂，就是無價的回報，較少將自己的極端孝行視為犧牲或負擔。

低相互性孝道 ← → **高相互性孝道**

非孝型
· 與父母關係較疏遠。
· 對子女角色欠缺認同。
· 很少為父母而自我犧牲。
· 並非等於「不孝」而是採用孝道之外的其他原則與父母互動，例如：只考慮成本效益。

相互型
· 與父母能維持良好溝通且重視經營雙方情感。
· 認為孝行應依個人狀況量力而為，不該有固定標準。
· 願意為父母的福祉而犧牲，超過負荷時會透過溝通解決問題，避免累積負面情緒。

低權威性孝道

3-4 家長如何進行情緒教育

國內有關情緒教育的碩士論文有很多，且多半針對國小階段或幼稚園的兒童，然而，因為國小教師要帶領的兒童人數眾多，很多時候為了班上的秩序或是教學方便，無法因材施教，只能以較為簡便、直接訓斥或管理的方式處理，可能就會忽略學生不同的需求。有些熱忱的教師會在私底下花時間處理孩子不同的情緒反應，只是為數不多，大多數的孩子還是只能自己去消化、處理這些情緒。要承認及接納我們所有的感覺，才是健康的，若是否認與壓抑情緒，情緒就無法快速地由身體系統處理與釋放，容易毒害我們的身體，癌症就是明顯的例子（Pert, 1999/2011, p.340）。

情緒教育的內涵主要包括：覺察與認識情緒、為情緒命名、了解情緒功能、學會表達情緒，進而可以適當抒解與管理情緒。在本書中會在不同章節做詳細介紹，本章只針對家庭教育裡的情緒教育做闡述。

會讓我們感受到快樂的，都是那些我們已知的事物，像是良好健康、好友、好的家庭關係等。如果快樂與建立及維持良好關係有關，那麼悲傷就與無法建立及失去良好關係有關（Evans, 2001/2005, p.73），因此人際關係是情緒快樂很重要的指標，也與個人之心理健康有關。家人的情感互動是養成價值觀與美德的基礎，父母是否願意花心思在協助孩子情緒教育上，對孩子未來有重大影響（Gottman & Declaire, 1997/2015）。家長除了教育孩子如何做

情緒管理之外，最重要的是教導孩子在面對他人挑釁或是無禮行為時該如何因應。

一、以身作則

家長或成人在自己情緒不佳時，不要處理孩子的（情緒）問題，而是先讓自己冷靜下來，等情緒平穩之後才做處理，要不然很容易失控。此外，家長自己在處理衝突或煩擾的事務時，要注意自己的態度與情緒，規範孩子使用 3C 產品時間與規則，也要以身作則（包括使用手機或電腦行為與時間）。倘若家長只會要求孩子，自己卻做不到，久而久之孩子就不會聽從，或是陽奉陰違（在家長面前做一套，背後的表現又不同），這也提醒家長需要有自我覺察的功夫。

二、帶領孩子養成運動 與休閒習慣

運動的優點有許多，包含強健體魄、養成挫折忍受力與情緒智商、利用與管理時間、與人互動及交流、學會建設性地打發時間與運動技能、讓運動成為自己的優勢或亮點之一、增加自信等。休閒習慣也可以是能力或嗜好的發展，不僅用來打發及建設性地使用時間，做讓自己快樂的活動，還可以與同好互動交流，與人談話有話題、藉此聯繫感情。休閒與運動還是減壓最好的方式之一。家長以身作則與孩子一起運動及活動，親子共樂、情誼加深之餘，也可以增添孩子美麗的回憶，這些都可以成為孩子日後遭遇挫折時一股支持的力量。

無法有效教導孩子情緒的父母（Gottman & Declaire, 1997/2015）

忽視型父母	反對型父母	放任型父母
★ 不願意直接面對孩子情緒的父母，會以輕視或不理睬的方式來處理孩子的負面情緒。 ★ 為孩子建設一個完美世界，擔心情緒化導致失控。	★ 以批判角度來看孩子的情緒。 ★ 認為負面情緒要加以控制。 ★ 拒絕孩子是弱者。 ★ 不滿孩子的負面情緒，因而譴責或體罰孩子。	接受孩子的情緒，也以同理心對待，卻無法給予孩子指引或設立規範。

臺灣情緒教育的內容

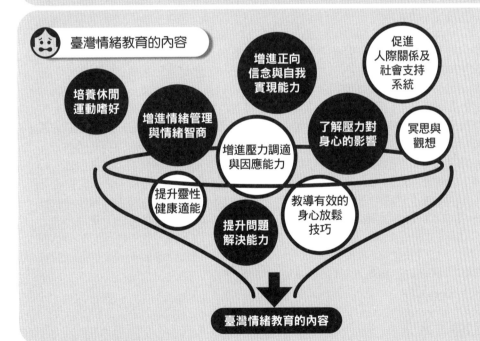

- 促進人際關係及社會支持系統
- 增進正向信念與自我實現能力
- 培養休閒運動嗜好
- 增進情緒管理與情緒智商
- 了解壓力對身心的影響
- 冥思與觀想
- 增進壓力調適與因應能力
- 提升靈性健康適能
- 教導有效的身心放鬆技巧
- 提升問題解決能力

臺灣情緒教育的內容

✚ 知識補充站

　　家長或是主要照顧者在日常生活中不經意或刻意的一些「禁令」，在沒有解釋或隨後說明的情況下，常常會被孩子解讀為「不可以做」的行為準則，也因此會被誤解或當作毫無例外的「通則」，像是「男人流血不流淚」。正常人都有七情六慾，卻要孩子不能夠有自然的感受，如此培育出來的是怎樣的下一代？

3-5 家長如何進行情緒教育（續一）

三、養成孩子自律或「自我管理」的習慣

自律通常是從「他律」而來，也就是藉由外力的懲處或獎賞（增強）而慢慢養成，個體從自律中獲得樂趣與酬賞，便開始自己約束自己。自律較佳的孩子，在面臨誘惑或威脅情境時，較不容易慌張失措，且於冷靜理性思考的同時，也會尋求資源與協助，不管是在為人處事上，都是值得信賴的對象。自律的人對於生活與生命也較有目標感，清楚自己想要的是什麼，也會規劃適當切實的計畫與執行步驟。

自我管理不是僅限於情緒面向上的，其他像是休閒活動、時間與生活管理，都與情緒有關，因為牽一髮動全身，只要一個環節出問題，其他部分也會受到影響。像是休閒或生活時間管理不佳（如打電動到清晨），影響到日常作息（如上課時精神不濟），接下來學業成績受影響或睡眠不足，身體健康也會被波及。

家長從孩子很小的時候就已經開始培養孩子自我管理的能力，包括抑制其行動（如不能在不經許可下碰觸物品或開關）、抑制其情緒（在適當情況下表達情緒）、抑制其跳入結論（要孩子多做思考），以及抑制其選項（鼓勵其追求較長遠目標）（Maccoby, 1980, cited in Cole & Cole, 1993, p.371）。

四、傾聽孩子並與孩子討論日常生活中發生的事

傾聽孩子的說法與故事，不要先入為主地加入自己的批判或評斷，這樣孩子才會繼續說下去或願意分享。「傾聽」其實是很療癒的過程，因為每個人都希望被聽見、被認可。即便是情緒賁張的時刻，若有人願意提供耳朵、仔細聆聽，許多不快的情緒就會獲得抒解，接下來孩子也會冷靜下來，反思自己的錯誤或需要改進之處。「傾聽」的下一步就是「積極反映」，站在孩子的立場去思考他／她可能有的感受與想法，然後反映給孩子知道，像是「你／妳覺得很委屈，因為你／妳的用心沒有被看見。」或是「好痛！如果是我一定也受不了！」讓孩子知道你／妳了解他／她的感受，若孩子的感受不是如此，也可以有澄清的機會，相信孩子會感激你／妳的用心。千萬不要輕忽或勸孩子忽略自己的感受，甚至只是以激勵的話語來安慰孩子，有些家長甚至以憐憫的方式來因應，如「你／妳好可憐！」這是最差的處理方式，而孩子也學不會適當處理情緒或養成該有的能力。家長進一步可以與孩子討論或教導孩子，下一次若有類似情況發生時，可以怎麼做，並先做適當的練習。

小博士解說

對家長而言，覺察孩子的情緒之後，還需要有傾聽，以及解決問題的作為，才可以教導孩子處理情緒的建設性方法（Gottman & Declaire, 1997/2015, p.98）。教導孩子發展能力，去找出情緒宣泄的困難之處，教育孩子如何可以更因應生活的要求（Ivey & Ivey, 2008, p.174），這也是情緒教育的重點。

依附型態與人際關係（Stuart & Roberson, 2003/2006, p.22-24）

依附型態	說明
安全型	信任他人，相信其需要可以被滿足，並能探索世界，帶著安全感尋找新的人際關係與經驗。
焦慮矛盾型	關注於確認他們的依附需求可獲得滿足，因此會預設他人無法給他們適當的照顧，常常尋求他人的關心與承諾，缺乏關心他人的能力，也讓周遭的人感到疲累。
焦慮逃避型	早年生活中通常未被適當照顧，讓他們了解到其依附需求從不被滿足，也不相信自己在人際中會受到照顧，因此他們與他人會形成表面的連結關係，或全然逃避人際關係。
同時擁有兩種不安全依附型態	他們相信在自己需要關心時，並不容易獲得，也缺乏關心他人及發展親密關係之能力，社會支持網絡貧乏，也無法適應與處理人際壓力。

父母的禁令（Hackney&Cormier, 2009, p.220）

不要成為
○○的人。

那不重要。

不要屬於誰。

不要正常。

不要靠近
○○。

不要長大。

不要有感覺。

不要健康。

不要成功。

不要像個孩子。

不要做
你自己。

＋ 知識補充站

　　當一個人表達真實的情緒時，就會啟動腦的下半部（腦幹與邊緣系統），而當一個人刻意想要假裝時，就會啟動大腦皮質。從臉部表情出現、持續時間與結束，就可以判斷表情的真假，通常超過五秒鐘時就可能是假的（Carlson & Hatfield, 1992, pp.191-192）。

3-6 家長如何進行情緒教育（續二）

五、肯定孩子所表現的情緒，同理並深入了解

家長與孩子都是人類社會的一分子，有情緒是正常的，因此也要讓孩子清楚這一點。除了依照本書章節所敘述的（如了解情緒功能、情緒是自我的一部分、為情緒命名、辨識情緒、表達與管理情緒），對孩子做情緒教育之外，對於孩子的情緒要先做認可與同理，接下來家長所說的才容易被接受。甚至在孩子尚未說明之前，可以經由觀察、了解孩子似乎有異狀，以邀請的方式與孩子面對面談談。

孩子或許不知道正確的情緒字彙，但是家長可以試著引導孩子說出自己的感受，或者站在對方的立場去傾聽與了解，說出孩子可能有的情緒，這樣的同理會讓孩子覺得自己被了解，同時也有機會釐清孩子所說內容與感受。當家長願意傾聽與同理孩子的感受時，孩子當然也會學到這樣的技能，並運用在與他人互動的場合，這會讓孩子較容易建立與拓展人際關係。

家長的澄清、理解、提問與指導，都有助於孩子表達與處理情緒。有些家長不喜歡孩子表現出負面或自己不期待的情緒，因此在言行之間暗示或是直接下禁令（如「不准哭」、「又哭」、「哭有什麼用」），等於是不承認孩子有這些情緒，孩子可能就會解釋為「家長不喜歡這樣的自己」或「我不應該有這些情緒」，於是就採取壓抑或否認，甚至以偽裝的方式來應付這些真實的情緒。孩子若有情緒表現，（通常是在行為〔如嘟嘴、用力關門〕、表情〔眼睛睜大、臉部漲紅〕或是肢體動作〔手緊握、跺腳〕上先展現出來）。家長可以先冷靜下來，詢問其「怎麼了？」若孩子無法說出自己的感受，家長可以設身處地，想一想孩子可能有的感受，列出一些選項讓孩子選擇，如：「你很生氣、難過，還是覺得不公平？」更細心的家長會教導孩子一些情緒的表現與徵象，如：「你的手緊握，還有點發抖，是什麼事情讓你這麼生氣？」這些也是讓孩子知道哪些情緒會出現一些生理訊息的好方式，同時也協助孩子為情緒命名，增加其描述情緒的字彙與知識。

只要家長願意提問，孩子就有機會說出自己的感受，家長也可以展現聆聽的功夫；當孩子說出自己的故事或感受時，家長也可以澄清與理解孩子所發生的事件與情緒。若有必要做教育或指導，也可以讓孩子學會一些因應的方式。

家長可以與孩子一起商議要如何因應情緒事件（像是他人的挑釁或不諒解），然後腦力激盪出不同的因應方式，若是孩子尚未具有某些技能（如肯定果決地拒絕），就能以此為目標，訓練孩子的這些能力。預演、角色扮演，以及帶孩子實地操作是很重要的，經過這些程序，才可以「留住」與精鍊這些能力。

小博士解說

男性的睪丸激素容易刺激個人尋求快速的壓力釋放（Walsh & Bennett, 2004/2005, p.90），因此男性也較多憤怒、攻擊傾向與魯莽冒險；相對地，女性兩腦間的胼胝體（促進左右兩腦的溝通）較厚，思慮較久，與男性有差異。

處理孩子的衝動怒氣（Walsh & Bennett, 2004/2005, pp.77-78）

選擇合宜的處罰。

訂立明確規定與期待，例如選擇重要的事來規範。

明確訂立違反規定之處罰，如剝奪特權。

若孩子與家長討論時大吼大叫，可以告訴他／她：「目前似乎不適合討論，等你／妳準備好再來討論。」

態度要友善而堅定，不要被激發怒氣，不陷入「權力拔河」中。

徹底執行處罰。

 處理情緒的步驟（Gottman & Declaire, 1997/2015, pp.72-73）

 Step1 覺察孩子的情緒。

 Step2 體認這樣的時刻，是親近孩子、教導孩子的最佳機會。

 Step3 以同理心傾聽，確認孩子的感受。

Step4 協助孩子找尋適當字彙來標示其情緒。

Step5 思考對目前問題的解決對策，並設立規範。

✛ 知識補充站

　　由於生理發展的差異，男孩和女孩對愛情的態度也大不相同。由於睪丸激素的影響，青春期的男性通常將女性視為性對象，但青春期的女性則是較重視性吸引力的關係部分，像是互相陪伴與聊天（Waslsh, 2004/2005, p.158）。

3-7 家長如何進行情緒教育（續三）

六、嚴格規範電腦與手機使用時間（例假日尤然）

少用數位產品做為孩子的情緒安撫工具，而是要讓孩子去處理這些情緒（包括無聊、挫敗、生氣）。使用數位產品的地點，最好在家裡最多人出入之所在（如客廳或飯廳），而且嚴格規定不能將手機等可攜式產品帶入臥室（因少了家長的監控，而且會嚴重影響睡眠節律，自然影響其學習與情緒）。每晚就寢前，將手機等產品在家中固定地點充電或放置，這樣就可以確保總數量（不會被偷偷攜入臥室）。

電腦與手機的使用，也是屬於自律習慣的一環，然而現代人的生活，電腦與手機似乎不可或缺，在方便之餘也要注意其可能的弊病。電子產品雖然影響我們的生活很大，但是要讓其影響範圍達到什麼程度，還是在於個人的判斷與節制。許多家長常常會在上學日限制孩子對電腦或手機的使用，然而一旦放假時，就幾乎沒有管制，甚至是放牛吃草的狀態，這樣反而很容易讓孩子在極短時間內就染上手機或網路上癮的惡習，發現事態嚴重而要改善時，常常會欲振乏力，甚至爆發親子衝突。

七、帶領孩子去欣賞人世間的美與善

帶孩子走出家門，去與大自然及他人接觸，這樣他們就會有更多的選項，不會局限於家中或學校的活動範圍，當然也不會自限於手機等虛擬世界；另外，因為與不同的人有第一類接觸，也能學習挫折忍受力、與他人互動的美好或真實感。不要教導孩子總是要防範他人，或這個世界是險惡的，這樣只會讓孩子感覺害怕與焦慮。時常處於焦慮與害怕的孩子，不僅發育較差，也覺得不快樂。固然家長可以教導孩子一些自我保護的方法，但也不宜太過，由於孩子有大部分時間需要自己獨立與維護自身安全，因此倒不如教導孩子一些正確的安全與防範措施更佳，但不要用恐嚇或威脅的方式進行。若是孩子發現事實與家長所言不符，家長不僅會在孩子面前失去信用與尊敬，孩子接下來也不願意聽從家長中肯的勸告或提醒，情況可能更嚴重。

引導孩子做適當的自我保護同時，也要讓孩子看見人性與世間的美與善，培養其欣賞美善的態度與修養，他／她會對許多事物更願意去探索與體會，使其生命質素更豐富，也會有更多的悲天憫人之心與作為。

美感教育，不管是從音樂、藝術的欣賞，或感受與體驗生活的美，都可以豐富生活、排解煩悶或時間。一般日常生活中，整齊清潔習慣的養成，甚至是在生活小細節中展現美感，也都是美感教育可以擅揚之地。

小博士解說

針對孩子的氣憤或激動情緒，家長可以示範擁抱、按摩、暫停、傾聽，或是告訴孩子五分鐘後來處理（讓彼此都可以冷靜下來）等方式因應。

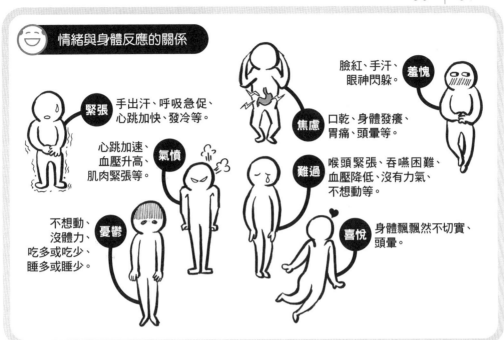

😄 情緒與身體反應的關係

臉紅、手汗、眼神閃躲。 **羞愧**

緊張 手出汗、呼吸急促、心跳加快、發冷等。

焦慮 口乾、身體發癢、胃痛、頭暈等。

心跳加速、血壓升高、肌肉緊張等。 **氣憤**

難過 喉頭緊張、吞嚥困難、血壓降低、沒有力氣、不想動等。

不想動、沒體力、吃多或吃少、睡多或睡少。 **憂鬱**

喜悅 身體飄飄然不切實、頭暈。

挫折忍受力的行為表現

（Robert Brooks, 引自「親子天下」第十七期）

- 能有效處理緊張和壓力，適應日常挑戰的能力。
- 能從失望、困境及創傷中復原，發展出明確且切合實際的目標，解決問題。
- 能與他人自在相處，尊重自己和他人。

家庭作業

① 兩人一組做「同理心」練習，例如甲方先說最近遭遇的一個事件，乙方將其所述做摘要與情緒反映。

② 想想與自己關係最親密的哪一位較容易有衝突？找時間好好聽對方說明他／她對你的看法，然後說出感謝對方的幾件具體事實。

③ 寫下自己某次有效因應與處理他人情緒之始末。

+ 知識補充站

　　每個人都有情緒，也需要被認可與了解，因此若能先接納對方情緒，自然就打開溝通或治療的第一關，接下來，對方才會願意互動或做改變。

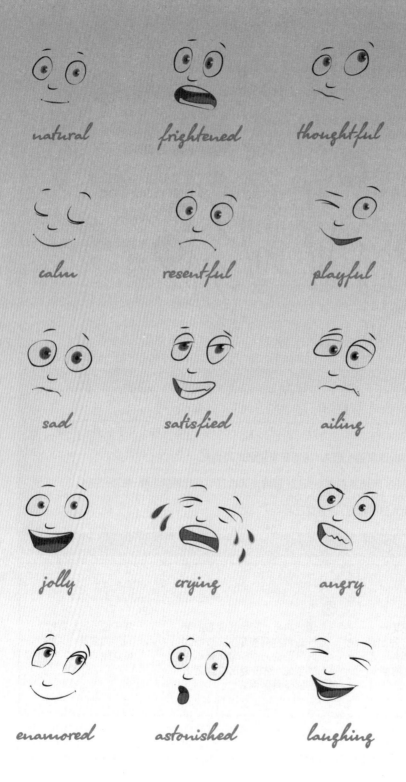

natural

frightened

thoughtful

calm

resentful

playful

sad

satisfied

ailing

jolly

crying

angry

enamored

astonished

laughing

第4章
覺察情緒與為情緒命名

學習目標：

　　情緒教育的第一步是知覺與覺察情緒，能夠知道自己的情緒狀態，接著為情緒命名（知道不同情緒的名稱），然後才會有管理情緒的必要。

4-1　覺察情緒與為情緒命名

4-2　覺察情緒與為情緒命名（續）

4-3　情緒覺察項目

4-4　情緒覺察項目（續）

4-5　覺察不同的情緒表現

4-6　覺察不同的情緒表現、親密關係與情緒

4-7　親密關係與情緒

4-1 **覺察情緒與為情緒命名**

覺察自己有情緒、知道那是什麼情緒，是很重要的，接下來才能做適當處理。當我們對於自己的情緒盡可能做覺察時，就可以認出一些警示的訊號，而預先採取一些方式讓自己冷靜下來，以免突然爆發；未覺察的情緒可能會一直累積而不自覺，造成後來不可收拾的情況（Carlson & Hatfield, 1992, p.553）。情緒的自我覺察，也是心理治療用來改變生活的主要方式（Shapiro, 1997/1998）。

我們的許多擔心與焦慮，是因為不明朗的未來，對即將面臨的不可知感覺緊張或困惑，然而可能為了表現出符合社會規範的行為，或是怕關心的人擔心，因此就刻意去忽略或壓抑。倘若自己又沒有做適當調整或整理，可能後來會因為極小的一個事件而突然情緒爆發，不僅嚇壞他人，自己也不能理解。

覺察情緒的能力需要慢慢培養與練習，讓自己可以真誠面對情緒，同時也對自己有更深一層的了解，知道哪些慣有的情緒困擾我們，或是自己常有哪些情緒無法排解，就可以進一步去認識與清楚情緒起因與來源，做較適當與周全的預防及處理。這樣一來，可以認識與接納自我，同時也維繫了與他人的適當關係。

一、模糊的情緒會造成困擾

研究顯示，模糊的情緒常常導致許多困擾，像是職員的沮喪或耗竭。當然，模糊的情緒也會有一些好處，如職場上的複雜度，提供個人學會面對生活中的不確定性，也可建設性地因應工作場域的正向與負向情境（Pratt & Doucet,

2000, p.222）。在培育情緒智商時，也特別著重模糊的情緒與處境的因應之道（挫折忍受力）。因此，若能夠了解自己或他人的情緒，知道那是什麼情緒，接下來就容易去猜測自己與對方的情緒是因何而起、該如何應對。即使面對著模糊不清的情緒，也不會感到挫敗或沮喪，願意靜下心來做沉澱與反思，才不會壞了大事。

我們從五歲左右開始，就了解自己同時會有許多情緒的產生，有時候情緒是互相矛盾的（像是考一百分很高興，但同時因為好友不能跟自己一樣而覺得羞愧或難過），這樣的情況會引發自己的困惑與衝突，若能一一爬梳清楚，就不會難受。

二、情緒是因為我們的信念而起

一般人會認為，情緒上的緊張是因為遭遇到困境或暴露自己的缺點所致，我們也相信自己之所以會發怒，是因為外在事件或內在生理狀況所引起，但是心理學的「認知取向」（Cognitive approach）卻不認為如此。認知學派學者認為，情緒或行為結果是由自己的信念所引起，也就是自己怎麼解釋（或評估）面臨的事件。舉例來說，同樣被誤解，但是甲、乙兩人的反應可能不同，甲可能非常生氣，乙卻淡然處之；甲認為對方誤會自己不誠實、不相信自己，是很大的羞辱，乙則認為這樣的事發生過，沒什麼了不起。倘若情緒是因為自己的解讀與信念而生，當然就需要檢視自己的這些情緒背後可能的信念為何。

一個行為有多種反應示例

行為 一位認識的人迎面走來，卻不跟我打招呼

反應 1	對方對我有誤解。
反應 2	昨天他向我借錢，我沒借。
反應 3	他沒有注意到我。
反應 4	他心裡在想事情。
反應 5	他有深度近視卻沒戴眼鏡。
反應 6	他不喜歡我。
反應 7	光線太暗，他沒認出我是誰。

可能產生錯誤的三段式論述

老闆一定不能諒解，我一定會被炒魷魚。

我的家人該怎麼過生活？

今天我遲到了，是這星期第二次。

引起生氣的條件
（Bandura, 1983, cited in Carlson & Hatfield, 1992, p.350）

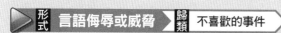

形式 **言語侮辱或威脅** 歸類 不喜歡的事件

形式 **身體威脅（如作勢要打人）** 歸類 不喜歡的事件

形式 **阻擋個體完成某項活動** 歸類 失去正向增強

形式 **剝奪某人的酬賞** 歸類 失去正向增強

4-2 覺察情緒與為情緒命名（續）

三、覺察情緒可讓我們更了解自己，並知道如何因應人際互動

有人常會困於自己的情緒中（一直不快樂或情緒高漲），有些人則對他人無動於衷，或是常常會被激起情緒（太敏感），這些不一定是個性使然，卻會影響其對自我的了解與人際關係，這些所波及的效果相當大。情緒覺察是一種能力，可以藉此對自己為何出現或沒有出現哪些情緒，有更清楚的理解，進一步探索可能的因素，然後做為下一次類似情境的因應處理之參考。

情緒會告訴我們一些有關自己想法、感受與接收外界訊息的意義，然而，若是平日沒有這樣的覺察或敏銳度，久而久之，在對自我與他人的情緒覺察上，就會越來越遲鈍，這當然會影響到對自身的了解及人際互動。若將情緒當作一種訊號或提醒，藉以了解自身的狀態，接下來才可能做調適，甚至做更好的處理。

例如：知道自己當下的感受是憤怒，但這憤怒從何而來？背後原因為何？有沒有正當性？只要了解這些，就可以更理解自己，接下來也會做較佳的處置，而不會一味受到情緒的激發，沒有機會去思索邏輯性，馬上就採取行動（如攻擊他人），造成不良或可怕後果（如傷人或被傷）。

情緒與認知是密不可分的雙胞胎，而認知的部分就是協助我們因應情緒促發的狀態，當然，若是與自身的存亡有關，情緒也會馬上知會我們的身體，立即做出反應。然而只依據情緒做反應，雖然反應動作很快，也可能造成不可欲的結果。像是新聞常出現有人（甲）因為看見前女友（乙）與男友（丙）一起，就馬上找一群人去打人，結果吃上官司，這就是任由情緒主導的案例。

覺察情緒通常不只是單純的覺察，而是進一步「有意識」的反思及了解（這正是情緒與認知不可分的天生機制）。若以前例來說明，甲若目睹前女友與男友一起，發現自己有憤怒、忌妒、羞愧（自己不如人）等情緒，了解自己可能尚未放下舊情、認為乙結交他人（丙）讓自己覺得男性形象受損或屈辱，但這是個人的自由，自己之前也沒有善待乙，因此現在只能祝福他們。或許接下來的悲劇就不會發生。甲經過覺察及反思，知道自己可能還有「未竟事務」（unfinished business）需要去處理，期望自己下一個戀情不會以同樣方式收場，也會讓甲變得更有智慧。

小博士解說

關係越近，個人的情緒發洩就變得理所當然，但不顧接收情緒對方的心情與感受，甚至認為因為關係親密，「對方應該要了解與接納我的情緒」，反而讓彼此關係產生變數。這也是我們傳統家族文化中需要改善的部分。

情緒覺察評量表項目（林淑華，2001）

☐ 自我情緒覺察　☐ 他人情緒覺察　☐ 情緒性質　☐ 情緒類別
☐ 情緒強度　　　☐ 自我關聯度　　☐ 自我反思度　☐ 自我專注度
☐ 事件完成度　　☐ 情緒經驗完成度　☐ 認知收穫

攻擊方式（Carlson & Hatfield, 1992, pp.367-368）

悔恨　氣憤　負面或對抗行為　直接攻擊　間接攻擊　懷疑　語言攻擊

攻擊方式

 親密關係中可能有的情緒與思考（不限於此）

可能有的情緒	情緒背後的思考（後設思考）
愛	感覺自己被認可、欣賞與喜愛。
驕傲	對方的條件與自己相當。
自信	自我價值提升。
利他	希望為對方做許多事，表達愛意。
排他性	希望對方眼中只有自己一人。
忌妒	認為對方比自己受歡迎。
憤怒	有時發現對方不了解自己。
不平	感覺對方付出的與自己付出的不成比例。

＋ 知識補充站

　　心理學家佛洛伊德說，人有「求生」與「求死」的潛能，前者是指希望自己可以繼續存活的動力（包括性），後者像是攻擊自己（如自傷或自殺），或是攻擊他人以激起對方攻擊自己。

4-3 情緒覺察項目

Lane 與 Schwartz 認為，情緒覺察是認知過程，他們於 1987 年（引自陳怡志，2015）提出情緒覺察的認知發展理論，將情緒覺察能力分成五個層次（覺察身體的感受，覺察身體的動作，個人感受，複雜的感受與複雜感受的混合），這五個層次的認知組織及情緒覺察，有高低階層與不同功能。檢視項目包含「覺察自我情緒」、「覺察他人情緒」及「整體的覺察情緒」三個分量表，結果顯示：四到六年級女生在所有分量表之得分均顯著高於男生（陳怡志，2015）。這個結果與「情緒社會化」有關，而不是個人問題，女性因為以「人際關係」為首要，因此其人際智慧相較於男性更佳，也可能是受到訓練與（性別）社會化的結果。

情緒覺察項目通常是以自我情緒、他人情緒為主要，也有人將其細分為自我情緒覺察、他人情緒覺察、情緒性質、情緒類別、情緒強度、自我關聯度、自我反思度、自我專注度、事件完成度、情緒經驗完成度與認知收穫等十一個向度（林淑華，2001）。本章只針對其中若干面向（向度）做覺察說明。

一、自我情緒覺察

自我情緒的覺察是情緒教育的第一道關卡與功課。覺察、認識與了解自己的情緒，才可以用自己的經驗去了解與解讀他人的情緒，做適當的因應及處理，這也是同理心的運用。

情緒的引發有「外在」及「內在」因素，外在因素通常是周遭環境或人的因素，像是發生了什麼事件與自身有關，就會有情緒的產生。情緒的內在因素包括自己生理（如病痛或不舒服）與心理（個性或擔心的事件）的狀態。覺察自己的情緒與想法，有時候需要勇氣。情緒的覺察還包含對於情緒後果的前瞻思考，如：如果我就這樣表現情緒，會有什麼後果？

有些情緒的確會引發自己的不舒服或不快，也讓一般人學會了去忽略、漠視，而非覺察，積累下來，自己本身常要付出代價。有一些創傷經驗或遭遇過重大失落事件者，常常擔心會被自己的情緒所吞噬或淹沒，因此會採取「隔離」的措施來保護自己，最常見的就是「解離狀態」（白話文類似「靈魂出竅」），這是一種抗拒焦慮的防衛機制。舉例來說，有人會將自己的「感覺」與自己分開，因此即便是用手直接碰觸高溫爐具，也不會感覺疼痛；另外，像是被重複性侵者敘述自己在性侵事件發生當下，「漂浮」在半空中，目睹自己的身體受到侵犯，藉由這樣的「分離」方式來保全自我的「完整性」。遺憾的是，這些人儘管可以清楚敘述自己的遭遇、採用了防衛機制，卻刻意或下意識地「不去」覺察自己的真實感受與情緒，因此治療要從這裡開始。

小博士解說

「覺察」通常是敏銳感受與認知的結果，但是不會造成改變，除非個人進一步去思考覺察之後的感受所由來、原因與可能解釋，才會有接下來的調適或改變。

情緒的類別

原始情緒

或謂「真實情緒」。個人面對當下情境的立即性直接反應。例如,面對威脅時的害怕、失去親人時的震撼與悲傷。

次級情緒

或謂「表象情緒」。若原始情緒是社會所不能接受的情緒,便使用另一種可被允許的情緒來表達。例如,男生不能哭,所以在難過時以其他方式(如生氣)來掩飾自己的難過;而生氣的背後,常常是感受到「不公平」或「委屈」。

工具式情緒

情緒的表達是為了影響他人或有其他目的。例如,表現生氣或受傷,來逃避責任或控制他人,以及利用哭泣來博得同情或安慰。

習得的不適應情緒

原本是為因應環境需要而產生的適應情緒,但是在環境改變之後,卻依然沿用原來已不適用的情緒,不懂得彈性與改變。例如,在父母爭吵中學會用沉默以避免爭吵,後來自己在親密關係中,也持續使用沉默,卻因此引發更劇烈的爭吵。

 完整的情緒經驗

認知評估	對刺激內容的意義進行分析、解釋與推論,決定情緒的方向與強度。
生理反應	通常涉及自律神經系統的變化。當代表危險的害怕、緊張、生氣等情緒出現時,個體必須準備抵抗或逃避,因此自律神經的交感神經便會激起,促使個體為緊急或危險的行動做準備。 在放鬆、安靜或舒服的情緒下,代表環境是安全的,則副交感神經系統便會激起,以使個體開始保存能量,恢復到正常的狀態。
表情反應	臉部表情及肢體反應。 有時表情亦可引發情緒經驗,嬰幼兒看見別人哭,自己也會哭,一般人看電影人物的表情,也會受其影響(情緒渲染)。
行為反應	不同的情緒狀態下,人們會有不同的行為傾向。這是因為每個人的經驗與背景或文化不同所致。

4-4 情緒覺察項目（續）

二、覺察他人情緒

當我們對於自己的情緒有較敏銳的覺察時，也會對於周遭所發生的事件或人物，有較細膩的觀察與感受，進一步會設身處地站在對方的立場去思考與感受，這就是「感同身受」，也是「同理心」的產生。這樣會讓我們較容易表達出對對方的了解，貼近對方的感受，進一步伸出援手或建立情誼，因此說「同理心是良好人際關係的關鍵」。反之，缺乏同理心也是罪犯的特徵，犯罪學上的研究已經證實：許多罪犯通常無同理心，當然也對自己傷害他人的結果毫無後悔之意。

要覺察他人情緒，通常除了有敏銳的觀察力之外，能夠「設身處地」、「感同身受」是最主要的關鍵。從他人身上的許多線索（表情、肢體語言、態度、故事內容等），都可以獲得許多資訊，並進一步了解，然後做適當的因應或處理。

不管是覺察自我或他人情緒，都會牽涉到情緒的性質（喜、怒、哀、樂、愛、惡、慾等）、類別（原始、次級、工具性、習得的不適應等）與強度（強弱）。有些人的感受閾低，很容易就受到周遭環境或自己內在的影響而產生情緒（過敏）；相反地，有些人對自己的情緒與想法非常有感覺，但是對他人的情況卻沒有興趣了解，這種自我中心者與前面的「過敏者」，都無法與他人有較深入的交往或關係，且自我中心者會從利益觀點與他人互動，而無法與他人建立有意義的關係。

三、整體的情緒覺察

整體的情緒覺察，除了包含前面幾項的自我覺察及覺察他人情緒之性質、類別與強度之外，還涉及事件與自己的關聯，倘若與自己有關，情緒上可能較為激動，或是即便事件與自己無關（如有人出車禍），個體自身還是會有感受（如害怕、同情），而有下一步的動作（如前去查看或協助）。有時所遭遇的事件或人物，與自己有關（像是親人生病），主觀情緒自然會較多，也會影響正確的判斷力（如偏袒），因此需要進一步去思索如何解決較為有利（如身為醫師，家人生病時就會請好友代為開刀），這就是有「自我反思」的內涵。當然，情緒也會影響個人的專注程度、思考面向與周全程度，也會對事件的完成度產生影響。

至於「情緒經驗完成度」與「未竟事務」有關，這是心理學「完形學派」的觀點，認為若一個事件沒有充分「完成接觸」，就可能有一些情緒的「殘留」，而這些殘留會影響個人接下來的經驗與生活。像是分手不乾脆，又去追求下一個戀情，卻發現原來的模式（如「找到酗酒又不負責的對象」）一直延續下來；又如個人的失落經驗沒有好好處理，在內心裡留下一個空洞，常常會受到類似事件的影響而陷入悲傷，但是自己卻不知為何常陷入這樣的憂鬱情緒中。「情緒經驗完成度」會影響個人後來的生活，因此最好的方式就是做完結或檢討動作，看看自己在這個經驗中的「獲得」為何，可以做為下一次的借鏡與警惕，這就是所謂的「認知收穫」。

情緒覺察示例（與親密伴侶分手）

情緒覺察項目	內容
自我覺察	➡ 感到空虛、氣憤、委屈、難過、不平。
覺察他人情緒	➡ 周遭親人的擔心、不捨、不知如何是好。
情緒強度	➡ 強
自我關聯度	➡ 強
自我反思度	➡ 自己在這段戀情中沒有注意到對方的需求，常常耍賴、要對方屈就。
自我專注度	➡ 這個失戀事件已經影響到我的工作效能與人際關係。
事件完成度	➡ 儘管想擺脫這些負面情緒、重新振作，有時候卻陷入情緒的漩渦中，影響生活效能。
情緒經驗完成度	➡ 將分手事件始末做了檢討與反省，也寫了一封道謝信給前任男友。
認知收穫	➡ 雖然是第一段戀情，也是第一次失戀，但是在整個過程中體會到自己被愛與疼惜的美麗感受，了解自己無私與利他的一面，更了解自己。雖然戀情無法持續，但是也感謝對方的付出、忍讓與陪伴。

＋ 知識補充站

「未竟事務」是指我們的許多人際關係，常常以為沒了就沒了，卻留下許多的情緒沒有整理，而這些「殘留」的情緒會像夢魘一樣，糾纏著我們而不自知，除非我們願意正視這些情緒，然後做適當的處理，或許其後座力就不會那麼大。

4-5 覺察不同的情緒表現

情緒的產生有外在與內在因素，也有學者將其分成「感性情緒」與「理性情緒」兩種。「感性情緒」屬於感官上面的驅動使然，像是受傷、聽到巨響，或者看到令人驚嚇的場面（如車禍）等，是因為感官受到刺激而產生情緒。「理性情緒」屬於心理層面的驅動使然，像是想到過世的親人、身體不適、想起自己以前犯的錯誤等，是因為心理狀態而產生的情緒。

情緒並不純粹，也就是說，通常不管是外在或內在因素所引發的情緒，不會有單一性，會引發多種情緒是正常的，甚至有些情緒之間還是衝突、矛盾的。人生的精采與豐富，往往是因為我們可以體驗不同的情緒，倘若生命過程只有快樂，在沒有對照組的情況下，快樂也不會存在，這也是心理學存在主義學派所稱的「生命意義在於體驗」。

情緒的表現，通常最先出現的反應是肢體或表情動作。像是我們說眼睛是「靈魂之窗」，眼睛所透露的訊息，除了表現情緒之外，也是重要的溝通線索，因此若是說謊者，通常不願意正視他人的眼睛。倘若一個人感到愉悅、喜愛、興奮等快樂的情緒時，他的瞳孔就會擴大到平常大小的四倍；相反的，遇到生氣、討厭、消極的心情時，瞳孔會縮小。動作表情也是我們藉由身體動作來表露內心情緒感受的一種行為反應，也是可以觀察到的。

我們自己的情緒會由生理的表現（如心跳加快、手出汗等）來感受到，這就是身體給我們的情緒訊號與警示，接著我們可以感受到自己身體或姿勢的情況（如緊咬下唇、雙手握拳、全身冰冷等），然後就可藉此知道自己的情緒性質，進一步了解其類別。例如，快樂是一種感受良好的情緒反應，可以表現出愉悅與幸福心理狀態的情緒，常見的原因像是感受到健康、安全、愛情和性快感等。快樂最常見的表達方式就是笑，當然笑也有程度之別，所表現的是情緒強度。

快樂與腦內啡及血清素的濃度有關，主要是基因扮演協調的角色，也就是與遺傳有關。

快樂的來源有許多，金錢、地位、美貌等等，只是要看個人將自己與哪一個族群做比較（TenHouten, 2007）。溫暖有愛的社交關係，可以讓人感受到最大的愉悅與內在的快樂，而物質生活上的成就，只是讓人有淡淡的自我良好感受與生活滿意度而已（TenHouten, 2007）。

小博士 解說

每個人對於不同情緒的來源與滿意程度不同，像是有人認為生活無虞、安全就是快樂，有人希望可以有權、有錢、有地位，也就是追求或在意的事物不同，反映出個人的價值觀，而價值觀也會影響個人情緒的滿意程度。

情緒反應

快樂

成因 健康、安全、愛情和性快感等。

表現 微笑、手舞足蹈、輕哼或歌唱。

恐懼

成因 面對現實的或想像中的危險、自己厭惡的事物而產生。

表現 臉色變白、身體僵硬、無法出聲、逃離現場。

憤怒

成因 不滿或敵意所引起。

表現 臉部猙獰、臉部漲紅、身體僵硬、發洩或破壞行為。

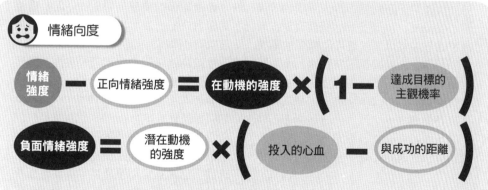

情緒向度

情緒強度 — 正向情緒強度 = 在動機的強度 × (1 − 達成目標的主觀機率)

負面情緒強度 = 潛在動機的強度 × (投入的心血 − 與成功的距離)

＋ 知識補充站

　　情緒向度：凡是我們判斷刺激或環境有助於個人的動機、信念或目標之達成者，便會產生正面的情緒反應；反之，若刺激或環境會阻礙或違背個人動機、信念或目標之完成者，則會引發負面的情緒反應。

4-6 覺察不同的情緒表現、親密關係與情緒

覺察不同的情緒表現（續）

憤怒是因不滿或敵意所引起的強烈情緒反應。憤怒時，自律神經系統會發揮作用，進而引發生理反應，也讓人表現出特有的臉部表情與身體姿勢，而個人往往會做出一些發洩的行為，嚴重者會失去理智；憤怒也可能引發感官產生幻覺，如幻聽、視幻覺，或內分泌失調的情況發生。憤怒的產生與身體活動受限、心理受阻有關，或是在完成一項事務時被中途打斷、正義不得伸張，甚至感受到自尊或社會地位受影響，都會有氣憤情緒產生。男性可能會以暴力方式展現氣憤，女性可能以哭泣來表現氣憤，這與人類歷史一向對男性氣概的要求有關（TenHouten, 2007）。

「害怕」主要是評估危險性、保護個體免於傷害及危險，而個體或許採用「戰」或「逃」的策略（TenHouten, 2007），也可能太害怕了而動彈不得（所謂的「凍結」，frozen）。恐懼是指人面對真實或想像中的危險情境，或是自己厭惡的事物時，所產生的驚慌與緊急狀態，伴隨恐懼而來的有心律改變、血壓升高、盜汗、顫抖等生理反應，有時甚至有心臟驟停、休克等強烈的生理反應，一個突來、強烈的恐懼，可能會導致猝死。恐懼是比害怕更深的情緒，是一種充滿絕望的情緒。

親密關係與情緒

新聞媒體出現的情殺與情傷事件層出不窮，到底現代人是怎麼了？尤其是兩造因為喜歡而相識相戀，為什麼會演變成傷害或殺人的恐怖後果？這是「因熱情而殺人」？還是本身的情緒問題所引發？該如何減少這樣的悲劇再度上演？

在親密關係中彼此有衝突時，不同性別的反應有所差異，男性會採取迴避的方式，女性則是直接面對，因此女性會不滿男性因應親密關係衝突的方式——逃避而不解決（Carlson & Hatfield, 1992, p.378），這也需要將社會文化因素列入考量。社會較不鼓勵、也沒有機會讓男性學習處理親密關係中的議題，而女性以關係為重的生活，當然會企圖讓衝突獲得某種程度的解決，因此會「緊追不捨」！這就形成像舞蹈中的「你跑我追」情況，往往不得其解。

親密關係的情感表達，或許因為兩性間權力分配之故，男性比女性更容易表現憤怒，卻較少吐露內在情感，相對地，女性較為情緒化。成年後，女性多從事較富感情的工作，在親密關係中則負責感情之表達（Goodman ,1993，引自謝臥龍與楊展慧, 1996）。男人比女人更快陷入愛情，在愛情中，男人最渴望得到的是信任及接受。女性在愛情中時較容易忘我、無法注意周遭環境，女性最想要自伴侶身上得到關心及了解。男性希望自己的伴侶美麗、性感，而女性所期待的對象則是成熟、聰明與成功（謝臥龍與楊展慧, 1996），這些都符合演化論與社會化的觀點。

愛情分類與構成元素
（Sternberg, 1988, cited in Carlson & Hatfield, 1992, p.388）

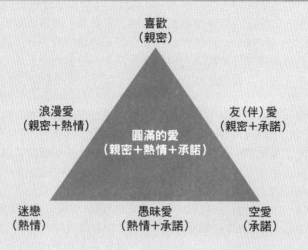

喜歡
（親密）

浪漫愛
（親密＋熱情）

友（伴）愛
（親密＋承諾）

圓滿的愛
（親密＋熱情＋承諾）

迷戀
（熱情）

愚昧愛
（熱情＋承諾）

空愛
（承諾）

 愛情三元素（Carlson & Hatfield, 1992, pp.388-390）

認知元素
組成

★ 一直想著對方。
★ 理想化對方。
★ 想要知道對方，
　 也被對方知道。

情緒元素
組成

★ 受到吸引（特別指性方面）。
★ 事情順利時，會有正面感受。
★ 事情不如己意時，會有負面感受。
★ 想要彼此互惠。
★ 想要完整且永久結合。
★ 生理上的激發。

行為元素
 組成

★ 試圖要決定對方
　 的感受。
★ 研究對方。
★ 協助對方。
★ 維持身體上的
　 接觸。

＋ 知識補充站

　　情緒的心理反應，是指當事人在情緒狀態時的主觀感受，感受到是快樂還是痛苦，也稱之為「情緒體驗」。個體在不同的生活情境下，多半不只產生單一的情緒，可能同時產生正負兩面的多種情緒，只是各種情緒之間有強弱之分。

4-7 親密關係與情緒

　　心理學家所做的研究發現，戀愛是最快樂的，而對一般成人來說，快樂婚姻與好工作的快樂相等，收入與快樂指數不成正比（TenHouten, 2007）。男性會強調親密關係中對性的渴望，也期待在親密關係中發生性行為，女性則是較多希望親密的表達。男性之間的親密（友情）較常出現在競爭性的運動場合上。女性較常形容親密關係中的氣憤情緒，男性的氣憤則與親密關係無關。西方通俗文化中，對年輕女性倡導浪漫愛情，男性則是與性有關的情節；女性希望自己性感，男性則希望自己對性行為隨時準備好（Crawford & Popp, 2003, cited in Shields, et al., 2007, p.73）。

　　男性通常較少與同性友人做身體上的碰觸，平常可容許的範圍大約就是握手及拍肩之類；反之，女性間被允許的範圍較大。在親密關係中，男性認為交換體液（所謂的「直搗黃龍」或「全壘打」）才算是性行為；但對女性而言，耳邊細語、溫柔的愛撫及一個眼神的交換，都可算做性行為（謝臥龍與楊展慧，1996）。

　　人們因為在乎親密關係，所以在情緒的表現上就較為多元且坦白，因此更需

要認可與了解彼此的情緒。許多人在親密關係中會理所當然地「認為」對方「應該」了解我、知道我要的是什麼，因此會恣意表現所有情緒，或是要求對方包容所有，這很容易形成「不對等」的關係。最好的親密關係應該是維持「供需平衡」、「有給有受」，不能仗恃著對方對自己的愛而予取予求。親密關係中也常有許多的「猜測」，卻沒有去「證實」，因此引起許多的誤解，這又似乎與前述的正好相反（坦白），有些人喜歡玩這樣的遊戲，有些人疲於應付，這種猜測心情的遊戲，偶而玩玩，可營造浪漫氛圍，但是不宜常常如此。

　　這種在乎親密關係的心理，也導致兩人間的情緒很容易彼此影響。個人在不同情緒中的需求或許不同，有人難過時需要獨處，有人則需要陪伴，有人生氣需要有「垃圾桶」來聽他／她訴苦，有的需要受氣包來發洩情緒，因此若能詢問對方需要的是什麼，就可以做更好的處理。情緒是兩面刃，在親密關係中尤然，因此意見不合與衝突難免，但是如何藉由這樣的機會接納彼此的情緒、達到暢順的溝通，是維持親密良善關係之鑰。

小博士解說
　　親密關係中需要激情、親密、承諾三個主要元素。激情表示對對方保持新鮮的興趣，親密則是與對方在一起很自在、可展現真實的自我，承諾是對關係與自己的忠誠度。

依附與親密關係（整理自王大維「依附與親密關係」，http://web2.yzu.edu.tw/yzu/st/psy/people/people4.htm）

依附類型	親密關係表現
安全型依附	傾向會與情人建立相似的關係，當情人離去時雖然會引發難過，但當兩人相聚時，又會快樂地彼此相待。
抗拒型依附	個人在相同情況下，容易引發嚴重的困擾，不太能忍受分離，當情人回來時，即使心中想要親近對方，但行為卻表現出排斥與抗拒，造成關係緊張。
逃避型依附	個人甚少表露情緒，當與情人分離時，不會表現出不悅，當相聚時則出現冷淡與逃避，這種舉動常讓對方不知所措。

 親密關係中的「危機」

 一開始就是一對一的交往
➡ 容易只看見對方的一面，而非多面向

 限制一方的交友
➡ 斷絕其社會支持網絡，企圖掌控對方

危機

 將對方的情緒化加以合理化
➡ 愛情是盲目的

 要對方隨時交代行蹤或接電話
➡ 權力與控制

家庭作業

① 記錄自己每日的情緒，並加註自己的想法（認知）。

② 找十分鐘去觀察周遭人的表情與身體語言，猜測其可能情緒為何，若可進一步驗證則更佳。

③ 將情緒分成「喜怒哀樂」四大項，並分別在其下腦力激盪寫出相關的情緒字彙，如「喜」底下有歡喜、快樂、雀躍、狂喜等。

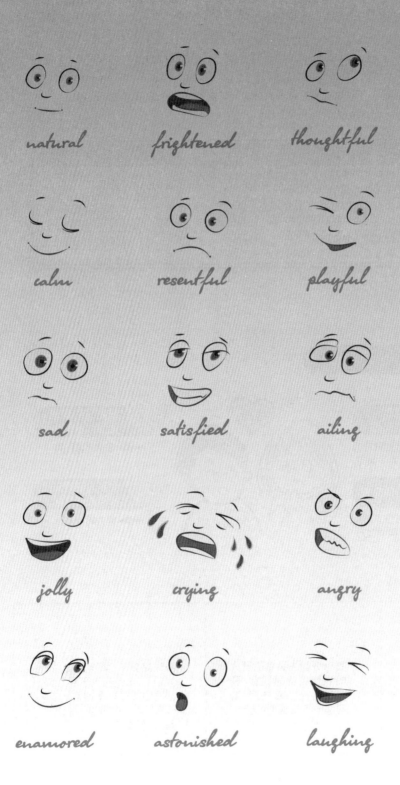

第 5 章
傾聽與情緒

學習目標：

　情緒是溝通重要的線索。我們在傾聽時，不只是聽到說話者所說的內容而已，還包括說話者在敘述過程中可能有的所有線索（包含生理狀態或心理上產生的情緒）。當我們專注聆聽說話者所說的內容，並將所觀察到的線索都「聽進去」，才有可能在理解與接納對方情緒的前提下，進行有效溝通。

5-1	傾聽與情緒
5-2	傾聽與同理心步驟
5-3	傾聽與同理心步驟、情緒的字彙

5-1 傾聽與情緒

我們一般人在日常生活中，不管是因為內外在因素的影響，總是會有情緒，卻不一定可以或願意表現出來，然而若有人願意借給我們一隻傾聽的耳朵，不僅自己的情緒被認可，也會感受到自己是有價值的。在了解情緒知識及如何表達之前，或許先知道「被傾聽」及「傾聽」與情緒的關聯，會較容易感受到人類共通的情緒經驗，也了解情緒是自我的重要部分。

觀察是第一步

情緒是非常個人化與主觀性的，因此即便家長或成人是過來人、生命經驗豐富，也不需要以自己的觀點武斷批判孩子或他人的情緒或感受，因為有極大可能是不正確的。在認可與尊重其他人也是有情緒的個體之前，還需要有幾個先備的動作，就是觀察與傾聽。

「觀察」是走在「行動」與「作為」的前端，通常是指「可見」的表現部分，除了最重要的眼睛觀察之外，其他感官也都需要打開，這些都可以協助我們做最好的觀察。我們的許多情緒都是從身體外觀發出訊息，像是愁悶時低頭不語，或是平日很活潑的人突然安靜下來，也許在與你對話時常常心不在焉或看錶，這些都是我們眼睛可以觀察到的線索，可以讓我們做進一步猜測：對方是不是有事？心情不好？有時候，聞到對方身上的菸味（平常抽菸極少，是不是有心事？）或身上有香水味（約會嗎？今天精心打扮過？）、握手時手溫冰冷（是不是生病了或發燒？）等，這些感官給我們的線索，都可以輔佐眼睛所觀察到的資訊，協助我們做進一步推論與判斷。

認可情緒就需要傾聽

能有效輔導孩子情緒的父母，是會協助孩子形容情緒、允許其體驗感受，在其哭泣時待在身邊，也會設立規範，願意花時間處理孩子的情緒。有能力擔任「情緒輔導」的父母，有敏銳的情緒覺察能力與洞察力，能夠坦然面對孩子表達情緒，對孩子的情緒表現予以肯定，會用心傾聽孩子的想法與感受，接納孩子的所有感受並做適當規範，也對孩子的情緒與需求有回應（Gottman & Declaire, 1997/2015）。

情緒也會影響個體的學習與記憶（Forgas & Vargas, 2000, p.364），在愉快的情緒下，學習效率較佳，也較記得住。同樣地，孩子在被認可、了解之後，才會覺得自己是有價值、受到尊重與接納的（也就是感受到被愛），在這樣的前提之下，孩子才會把家長的教誨或建議聽進去，因此，接納情緒是從傾聽開始。情緒教育是要尊重、接納、處理與放下，與聖嚴法師所說的不謀而合！

小博士解說

孩子年幼時，雖然還未學會表達情緒的字彙，但是其觀察是持續進行的，對於肢體動作等非語言的線索更敏銳，而對於情緒的觀察亦是如此——通常從非語言的部分入手。

情緒小百科（出處：康健雜誌134期，林芝安編譯）

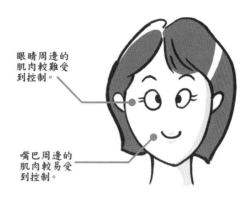

眼睛周邊的肌肉較難受到控制。

嘴巴周邊的肌肉較易受到控制。

英國格拉斯哥大學進行一項跨文化的研究，找來一群亞洲人與歐洲人互看對方臉部表情，結果發現，亞洲人（尤其東亞）經常將歐洲人「恐懼」的表情解讀成「驚訝」，或者將「嫌惡」的表情解讀成「生氣」。

解讀錯誤的主因是「不同文化的人觀察對方表情時，聚焦的部位大不同」，研究者之一瑞秋傑克博士指出，西方人會同時兼顧對方眼睛與嘴巴的表情，可是亞洲人卻容易將視覺停留在對方的眼睛，常常忽略了嘴巴。

研究者認為，眼睛周邊的肌肉比起嘴巴，較難受到控制，所以眼睛可以傳達出較多內心情緒，亞洲人又喜歡端詳對方眼睛甚於嘴巴，經常會以為眼睛透露的訊息就是對方內心所想，但其實我們內心的情緒會牽動整個臉部肌肉，而不單單只在某個部位。

瑞秋傑克博士建議，下次亞洲人想要從對方臉上讀取某些訊息時，不妨將關注點從眼部擴大至嘴唇附近，避免誤解對方情緒。

（取自 http://www.commonhealth.com.tw/article/article.action?nid=62417）

觀察情緒可以做的事

- 記錄自己的情緒、引發事件與想法。
- 觀察自己因為某事件而引發情緒的生理反應與身體語言。
- 思考為何有這些情緒出現。　　● 這些情緒合理與否。
- 這些情緒對我的影響與意義為何。
- 是否需要做調整。

＋ 知識補充站

　左右額葉皮質與情緒：當我們情緒失控或痛苦時，右前額葉皮質就會較活躍；當我們感覺良好時，左前額葉皮質就會興奮起來（Goleman, 2011/2013, p.78）。

5-2 傾聽與同理心步驟

我們都需要有一隻「會傾聽」的耳朵。「積極傾聽」不是虛假的動作，而是真正用心去體會對方的需要、照顧到對方的情緒，當對方的情緒被認可後，激動情緒也會緩和下來。我們生活在快速、變動不居的現代，往往因為沒有被人耐心聽見，而倍感挫折。許多孩子與成人的情緒，也常因為沒有被聽見，所以有許多負面的情緒與行為出現，因此，積極、同理的傾聽，可達到撫慰情緒之效。

能夠了解自己的情緒、滿足他人情緒需求的人，常常會受到肯定與歡迎（Shapiro, 1997/1998, p.260）。「觀察」與「傾聽」是了解情緒的第一道關卡。傾聽不是只用耳朵聽，而是要將五官打開，去接收所有的訊息，包括眼睛所見、耳朵所聽、直覺感受（所謂的「第六感」），以及站在對方的立場去體會。

即便是最親密的家人，也常忽略傾聽的重要性。要學會將舞臺讓給對方，全心專注去聆聽，不要急著問問題或是想著該如何因應，才有可能設身處地站在對方的立場去思考與感受。進一步將自己所聽見的內容與情緒做摘錄，說給對方聽，一來可以確認自己聽的正確與否，二來是告訴對方「我聽到了」，再則是將自己所體驗的感受，表達給對方知道。

一般情況下，我們很在意別人是不是認同我們，包括知道與認可我們的情緒，但是換個立場思考：對方也是人，也需要被認可，因此「傾聽」或「聽進去」，就是認可與接納對方情緒的關鍵途徑。「傾聽」是重要的情緒培養劑（Shapiro, 1997/1998, p.260），「被聽見」很重要，

這表示自己不僅得到認可，連情緒部分也被接受，而當個人知道其情緒被認可與接受之後，衝動或負面情緒就會削減或舒緩一些，接著協助其處理情緒或問題就比較簡單。該如何聽才是聽進去？要如何表現出自己是認真專注地傾聽的？傾聽哪些重點？又該如何反映給對方知道？以下會針對傾聽與同理做詳細說明。

一、找適當時間與地點

在進行傾聽之前，最重要的是找一個可以讓彼此專注的時間與空間，不被打擾的情況下，才可能聚焦在說話者身上。有時候，在家裡不一定可以找到適當的場所，那麼就到外面去，也許是比較安靜的咖啡館或公園，可以把所有時間與精神都用在傾聽上，是最重要的。

一般家長在工作忙碌之餘，下班後要立刻找時間聽孩子說學校或遭遇的事，的確分身乏術，有時即便有心，卻沒有能力。不妨與孩子商議，不要在下班回家後的即刻時間，而是找其他的時間好好談。

以前，我有位同是治療師的同學，單親媽媽育有三子，一回到家，孩子通常就急著找她說話，她覺得自己是虛應故事、敷衍孩子，對不起孩子，也對不起自己，於是就與孩子約法三章，她自己先掛出「暫停」（time-out）牌，回到家後，先休息五分鐘、整理情緒，然後才與孩子談話，結果後來，孩子給她十分鐘的休息時間，這樣她就不會將在工作中的煩擾情緒帶給孩子，也可以專心聽孩子的故事。

小博士解說

倘若當時的場所、時間或情緒不對，傾聽就變得困難，自然也無法好好聽到對方可能有的情緒經驗與感受。

「傾聽的重要條件」與「妨礙傾聽的因素」

★ 挪出一段空閒時間。

★ 選擇一個不受打擾的環境。

★ 把舞臺讓給說者。

★ 擺出專心聆聽的姿勢，例如，開放姿勢、身體微微前傾、
　眼神專注與說者偶而交會。

★ 心上不要掛慮任何事件，或是想著要如何回應。

★ 讓對方完整說完故事。

傾聽的
重要條件

★ 設身處地站在對方立場，體會對方可能有的感受與想法。

★ 同理反映給對方，用自己的話做摘要，也做深度情感反應。

★ 給對方釐清的機會。

★ 手邊忙著事情，例如炒菜。

妨礙傾聽
的因素

★ 處於常受干擾的環境。

★ 想著要如何回應。

★ 只聽見內容，沒聽見蘊涵的情緒。

★ 太早給建議。

★ 忽略對方身體或表情的線索。

★ 只想要把自己想說的說出來。

★ 受到彼此的關係及自己對說者的印象或評論（成見）所影響。

＋ 知識補充站

　　「傾聽」是一種能力，可以藉由不斷地練習而熟能生巧。一個人被了解，往往是從自己的情緒
被認可及了解開始，接著是他／她的想法被聽見與聽懂，或者是他／她的行為背後動機與用意，
被認可與接納。覺察自己或他人情緒之後，懂得善用情緒的字彙來傳達自己的了解，對方的感受
一定相當歡喜。

5-3 傾聽與同理心步驟、情緒的字彙

二、做出傾聽的姿勢

有了時間與地點之後，就可以執行傾聽的工作。傾聽展現在外明顯可見的，就是姿勢與臉部表情，這是要讓說話對方「看見」你／妳的用心與專注，當然也要「言行合一」，而不是在假裝。傾聽時，身體微微向前傾，手腳不要交叉、手臂環抱，或是翹二郎腿、雙腿張太開，而是呈現自然、開放的姿勢。最好是與說者坐在相等的位置，而不是你／妳站著、他／她坐著，或是他／她站著、你／妳坐著，這樣就看出很明顯的「不對等」，也顯示著「地位」或「權力」的差異，起始點就不公平。

眼神偶而要與說話者有接觸，基本上，眼光是在說話者的上半身附近游移，偶而有眼神接觸，不要緊盯著說話者，或是眼睛固定在說話者身體的某個部位上。傾聽時，臉部不是沒有表情，而是會隨著說話者所敘述的內容，自然呈現出該有的情緒，當然不要誇張！使用的語調自然就好，有時候可以有手勢的協助。

三、傾聽時的反應

（一）**事實陳述**：說話者會敘述自己的經歷或故事。

（二）**情感反映**：想像自己是站在說話者的立場、遭遇相似的情況，會有什麼感受？說話者可能會透露一些自己的情緒，像是會緊握雙拳（表示生氣或緊張）、臉部表情痛苦或掙獰，甚至會說出自己的感受。但是有些感受很細微，或是說話者沒有表現出來的（如「羞辱」、「悔恨」、「為難」或「矛盾」等），你／妳要能夠去體會出這些細微的情緒。

（三）**同理心反映 ── 事實陳述＋深度情感反映**：同理心是站在對方的立場，去感受對方可能有的感受與想法，並將其說出來，讓對方聽到，其功能有三：表示「我聽見」、「我了解」，同時也有「釐清」的作用。所謂的「深度情感反應」就是「同理心」。「同理心」包含有：用自己的話將所聽到的故事（大意）摘要說出來的同時，加上自己設身處地站在對方立場，隨著故事情節進行，油然而生的表面與內在情緒。

情緒的字彙

情緒的用詞也需要去蒐羅與學習，才可能在必要時派上用場。不同的情緒有強度、深淺之分，因此也需要注意。像是不舒服→有點火氣→生氣→惱怒→氣瘋了→氣死人（即便是生氣也有不同的強度之別）。

當家長或老師在處理孩子的情緒事件時，就可以適時地教導其使用適當的字彙標明情緒，也讓孩子了解這樣的情境可能會有哪些情緒的產生，下一回孩子遭遇到類似的情況時，就可以用適當的語言表達出來，讓他人了解。

情緒的狀況有時很細微，因此正確字彙的使用就很重要。此外，因為在絕大部分的情況下，情緒不是單一或單純的，所以要將自己或他人的可能情緒都說出來，的確不容易，只要願意學習，就不會是問題。當傾聽做得完整時，說者的情緒被了解，通常就會信任聽者，同時情緒也會自然流露，心防就解開，這也是溝通的第一步。

同理心步驟

事實陳述 （A）	孩子	「我那天莫名其妙被老師處罰，其實也不是我的錯，我只是經過而已，老師就以為是我把同學的作業弄到地上。」
情感反映 （B）		孩子說話很大聲，還比手畫腳，表情有點難過與生氣。
同理心 （A＋B＝C）	家長	「你說自己被老師誤會、**莫名其妙**受到懲罰，你很**生氣**、覺得**無辜**，但是對方是老師，又不能對他怎樣（**無奈**）。」

＊註：要將「事實」與「情感反應」分開是不可能的，只是在練習時是如此。

 同理心的練習

聆聽的同時，也注意觀察說者的身體語言（可能有情緒的表現出現）。

⬇

專注於說者所敘述的內容，以及可能有的情緒（設身處地）。

⬇

以自己的話語簡述方才所聽到的內容，也將附隨的可能情緒說出來。

⬇

讓說者做回應或釐清動作。

😐 處理孩子負面情緒的步驟

與孩子談論其感受 ▶ 標示這些情緒 ▶ 當孩子被了解後 ▶ 接受自己有負面情緒是可以的 ▶ 負面情緒消失

家 庭 作 業

① 花五分鐘傾聽家裡最囉嗦的人說話（記得不要插嘴）。

② 練習傾聽的姿勢。

③ 在平日就蒐集一些形容情緒的字眼，可以集結成冊。

✚ 知識補充站

所謂的「初級同理」，包含觀察當事人的身體語言及其所提到的情緒字眼，而「深度同理」是除了以上所述外，再加上聽者站在對方的立場，將可能體會到的、說者未說出的情緒表達出來。

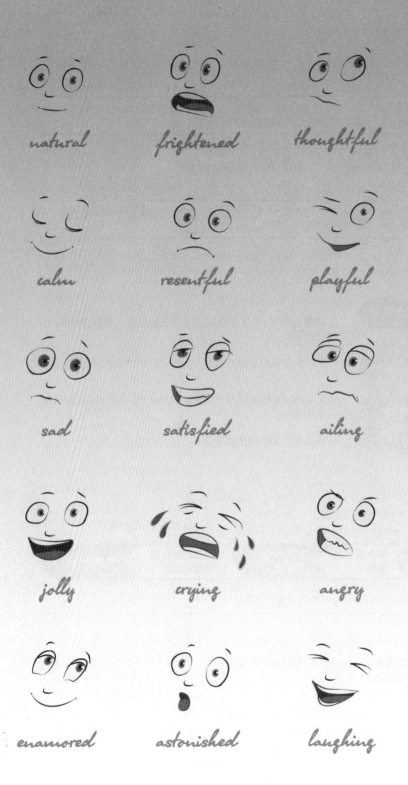

natural frightened thoughtful

calm resentful playful

sad satisfied ailing

jolly crying angry

enamored astonished laughing

第6章
表達情緒的權利與方式

學習目標：

　　每個人都有表達自己情緒的權利，只是因為人生活在群體之中，也需要顧及他人感受，因此會受到一些社會文化與情緒原則的規範，表現出適合當時情境的情緒。

6-1　表達情緒的權利與方式

6-2　影響情緒表達的因素

6-3　影響情緒表達的因素（續一）

6-4　影響情緒表達的因素（續二）

6-5　影響情緒表達的因素（續三）

6-6　影響情緒表達的因素（續四）

6-7　影響情緒表達的因素（續五）

6-8　憤怒情緒

6-9　維持健康情緒的原則

6-1 表達情緒的權利與方式

表達情緒是權利，也會考慮社會文化與情境

心理健康可以定義為「一個人擁有完整的感覺，並可以適當的態度表達這些感覺」（Hill, 2009/2013, p.88）。每個人都有表達情緒的權利，只是許多時候會顧慮到情緒表達的後果，因此就要學習如何適當地表達與宣洩情緒（情緒原則）。情緒表達主要是受到文化與情境因素的左右，因此必須同時考量天生氣質與社會化等因素（Brody & Hall, 2000, pp.345-347）。

因個人要在社會中生存，其情緒也會經過「社會化」的過程。情緒社會化的內容包含了情緒管理，會規範居處於該社會的群體與人，而有所謂的「情緒原則」（emotional rules）產生，基本上有「了解身體運作」與「認知」兩個管道，前者是改變生理上的情緒經驗（因而有激起先前未出現的感受或壓抑等方式）；後者則是指以不同的變通想法來使情緒經驗改變（Hochschild, 1990, cited in Peterson, 2007, pp.124-125），也就是先「覺察」自己的生理因情緒而引起的變化，再進一步思索要如何應對較為有利。

不同的文化或社會對於情緒表達的規範不同，西方國家如美國，較傾向個人主義，也重視每個人表達情緒的權利，而東方國家如臺灣與日本，傾向集體主義，會為了維持（虛性或表面）和諧，加上有倫理、上下位階的約束，並不能心有所感就直接表達出來，還要兼顧到對方與自己的關係如何、直接表達情緒會有什麼後果等，因此不鼓勵公開表露情緒。

如何接收與表達情緒，是情緒智商的基本要件。語調的強弱、揚起或低沉，都可以表達說話者的情緒狀態。嬰兒在了解語意之前，就會注意到語調的重要性（Reissland, 2012, p.72），因此語調所傳達的意義也同時被嬰兒接收。即便是「前語言」（或「語助詞」）也可以表達不同的意義與情緒。Reissland 與 Snow 發現，母親們在與孩子快樂互動時，語調會升高（1996, cited in Reissland, 2012, p.7）。在正統的戲劇訓練裡，也常常使用默劇或非語言的方式來訓練演員，這除了突顯姿勢與肢體也是溝通表達的一環之外，還說明了非語言的重要性。

情緒是主觀的，與個人之個性、過去經驗與對情境的解讀有關。因此，不同的人即便經歷同樣的情境，依然會有不同的情緒產生，而表達出來的感受強弱也就不同。

小博士解說

儘管表達情緒是個人之權利，但因為人生活在社群中，所以會受到社會文化影響及情緒表達規則的約束，藉此表達出合宜的情緒。

情緒表達的功能

（Kennedy-Moore & Watson, 1999, cited in Reissland, 2012, p.68）

- 協助個體標記與了解自己的情緒。

- 從情緒引發所要表達的訊息。

- 從以上訊息可以促發情緒頓悟、引導因應方向，增進個人身心健康。

 同樣經驗、感受與反應不同示例

情境 走路時被他人不小心撞到

甲

> **個性** 個性較大刺刺，以前也碰過類似事件，對方道歉了事。
> **反應** 轉看一眼，笑笑就離開。
> **感受** 有些驚嚇，還好。

乙

> **個性** 個性較拘謹，以前碰過類似事件，對方沒有道歉。
> **反應** 瞪對方一眼、嘴中念念有詞。
> **感受** 不滿，惱怒。

丙

> **個性** 個性較怯弱。
> **反應** 趕緊向對方道歉，倉促離開。
> **感受** 害怕，不安。

丁

> **個性** 個性衝動。
> **反應** 用力推對方一把，兩人對嗆。
> **感受** 生氣，莫名其妙。

＋ 知識補充站

情緒表達可經由許多管道覺察，包括個人自身的生理表現（如心跳、排汗、體感溫度）、身體姿勢、想法與感受，以及他人的行為表現等，這些線索綜合起來，就是相當正確的結果。

6-2 影響情緒表達的因素

一、解讀不同

情緒有感染力（情緒渲染），面對面互動的人彼此可以感受到對方情緒，反而是沒有直接面對面互動的人，少了這個線索（如臉書的「網路嗆聲」），容易錯誤解讀，造成許多困擾（Goleman, 2011/2013）。情緒與認知不可分，因此個人的解讀就會影響接下來的情緒與行為。情緒與溝通之間的連結也極為重要，而接收、表達情緒與思考，就是溝通。

個人對於情境或身體語言的解讀，與個人的成長背景、經驗或個性有關，尤其是有過創傷經驗者，或是個性較衝動者，常常會將情境解讀為負面或是不利於己的方向，導致接下來的情緒可能是沮喪、悲傷或忿忿不平，所引發的行動結果也就不同了！研究顯示：霸凌者常將中性的情境解讀為「攻擊」，因此會做即刻的反擊。個人的認知會影響其對於資訊的接收與解讀，直接影響到情緒反應。

二、社會文化因素或刻板印象

西方文化對於個人的情緒表達較重視，因此表達情緒較為直接是容許的，相較於東方文化，就較為內斂拘謹，連情緒表達也很間接、模糊。臺灣人還有倫理的位階約束，職位低下或輩分較淺者，通常不太願意表達出真實的情緒，因為擔心他人的看法可能對自身職位或利益有所影響，西方男性較多生氣表現，與其男性氣概有關。情緒的表現也可以提供有關個人社會地位的訊息，社經地位較低者較多氣憤、噁心、悲傷與害怕的情緒表現（Clark, 1990, Conway et al., 1999, Fabes & Martin, 1991, cited in Shields, et al., 2007, p.73）。照理來說，生活越便利，應該讓人越快樂，但是許多先進國家的自殺率卻攀升，是不是暗示著快樂與文明進展無關？還是文明帶給人類更多的壓力？

刻板印象對於我們對待或評斷他人有很深的影響（Agars, 2004; Cameron & Trope, 2004; cited in Shields, Garner, Di Leone, & Hadley, 2007,p.68），不管是對於不同族群、社經地位、能力高下、障礙之有無等。情緒表達受到社會文化所左右，情緒的「社會化」特別受到家庭因素的影響，像是家長本身的氣質、性別角色態度與行為、婚姻關係、文化與社經背景，以及孩子的性別因素。研究指出，女性較男性要有情緒，主要是社會較容許女性表達其情緒，而且在公開場合較多正面情緒的表達。若所處情境較為模糊，一般人就較會依照刻板印象來表現（Shields, et al., 2007），最明顯的就是性別刻板印象。一般來說，女性較習慣使用情緒的語言（Carlson & Hatfield, 1992, p.10），男性則是因為社會規約與訓練不足，較不會使用情緒性的字眼（代之以「髒話」來表現）。而兩性的差異也會引起許多不必要的爭端，像是女性善用語言來挑起情緒，當男性無法以同樣的方式（語言）回應時，或許就以拳腳相向。

東西方文化表達情緒方式（整理自 https://read01.com/3DJnd8.html）

 東方文化

★ 集體主義抑制情緒之表達。
★ 著重情緒自我控制，以維持人際和諧。
★ 以情緒抑制來展現個人的修為與能力。
★ 透過平衡積極與消極情緒以達中庸之道。
★ 人際和諧是社會規範的核心，文化的規則要求人們謙讓和克制，且隱藏強烈的情緒、保持冷靜，被視為成功的先決條件。

 西方文化

★ 個人主義文化鼓勵情緒之表達。
★ 著重自由、開放的情緒表達，認為是個人的基本權利和自由。
★ 較容易因為抑制而產生消極情緒。
★ 強化積極情緒，削弱消極情緒。
★ 使用情緒抑制方式之主要目的是保護自己，而不是為了維持人際關係。

 語言表達的性別差異（潘慧玲，2003，引自鄭羽芯，2006, pp.40-41）

表達策略	直接	間接
語言表達型態	男性較不會自我揭露，也較少表現情感上支持的語句，語言表達型態通常較為果斷，無試探性語句。	女性常採用試探性的語言表達型態。
語言的細微程度	男性較欠缺注意細節的表現。	女性在對人、事、物進行敘述時，通常內容較為詳盡，會注意到細節，也加入較多的形容詞。
非語言表達	男性的非語言表達能力，因較無訓練，也較弱。	女性有更多機會運用非語言訊息表達自己的情緒。

6-3 影響情緒表達的因素（續一）

二、社會文化因素或刻板印象（續）

女性表達生氣情緒的方式，較常是放在心裡居多，或是找人談、一起罵（語言表達），而男性則多是用言語或動作方式表現，因此有男性「向外宣洩」、女性「向內攻擊」的說法。

女性的習慣向內攻擊，也與其罹患憂鬱或情緒障礙較多有關。男性比女性更容易表現出氣憤與驕傲的情緒，主要與男性氣概及表現出權力有關聯。有人質疑是否男性較多展現權力或力量的情緒，而女性則是展現無權力的情緒，但目前此假設沒有得到證實，因為展現有力量的情緒（如哭泣），有時候是因為失控所致，然而無力的情緒是不是也想要藉此獲得掌控呢？（Shields, et al., 2007）

研究顯示，女性較常微笑，與他人有較多的眼神接觸（Hall et al., 2000, Dovidio et al., 1998, cited in Shields, et al., 2007, p.71），女性對於快樂與悲傷的感受較強。女性也比男性更能正確地了解非語言訊息。有人猜測是因為女性地位較低、要生存之故，但沒有研究證實（Shields, et al., 2007）。

性別不同對攻擊的反應也迥異，男性較常以直接方式，女性則是以間接方式（如語言）做攻擊。通常男性會因為生氣而得利。一旦男性採取報復行動時，身體反應就會顯示出迅速、情緒宣洩式的反應；男性也會有反制攻擊的行動，像是採取忽略、以友善方式應對。女性則多半以友善方式因應攻擊（Carlson & Hatfield, 1992, p.363）。減少攻擊的方式有：增加罪惡感（道德感）、同理心，以及讓對方害怕（Carlson & Hatfield, 1992, pp.379-380）。然而，親密關係中的攻擊可能有「玉石俱焚」的結果。

此外，一般人對於孩子的情緒表現較容易接受，認為他們還在發展階段，對於青少年的無厘頭行為，也有較大的寬容，然而相對地，也較不信任他們。兒童與青少年的情緒表達較為真誠而直接，反而更能誠實反映內心狀態或想法，但是一經社會化，需要將其他許多因素或變項考量在內，許多真實的情緒就必須要包裝，甚至隱藏。情緒是自我的一部分，但因為我們生活在人群之中，必須在維持「自我獨立」的同時，也要兼顧適當的「人際關係」，真的不容易。

小博士解說

有人利用情緒表達來得到他／她想要的結果或目的，這就是將情緒「工具化」（像是選舉時激起公憤，利用哭泣得到同情或認可），「戲劇性人格違常」者就善於編造謊言、引發他人對自己的注意與重視，我們一般人多多少少會偶而使用情緒做為工具，但是不會「賴以為生」。

兒童的情緒特質

短暫

直接

具有
個別差異

反應強烈

易被感染
與轉移

 孩子非語言溝通的六種問題
（ Nowicki & Duke, cited in Shapiro, 1997/1998, p.268）

以外在物品
（衣著、飾品、
髮型等）來論
斷他人

手勢與姿勢
（可能表現出
不尊重或不
關心）

彼此距離（太近
或不當碰觸）

說話方式及語調
與他人「不搭」

說話聲音（語氣、
聲音強度、聲量
大小）

眼神接觸
（時間太短或
太長都不適當）

＋ 知識補充站
　　情緒表達與溝通一樣，都可以藉由許多管道來達成，身體或語言、表情或生理、藝術或動作等
等，不一而足。

6-4 影響情緒表達的因素（續二）

三、表達能力不同

每個人的個性以及學習表達的能力不同，因此也會影響到此人將情緒做適當表達的結果。情緒的表達就如同語言和溝通的表達一樣，是一種能力，因此可以藉由訓練而獲得。有很多人誤解表達的方式只有語言而已，事實上，我們一般在電視或日常生活中，也會看到不同情緒的表達方式，有些人會以行動表現，有些人會以語言、表情等方式表現，而以肢體、動作、活動、舞蹈、圖畫、符號，或是以藝術媒材方式表現的，所在多有，基本上與溝通類似。所以，情緒表達的途徑不要設定在某一方式上，就可以表達得更周全。

腦部受傷時，自然也會影響情緒的控制與表達，像是顳葉與情緒障礙及精神病有緊密關係，但是相關細節尚未確定。顳葉被割除的病人會有疑心病、愛發脾氣、自我中心及過分注意不必要的細節（梅錦榮,1991, pp.129-130）。前額葉與邊緣系統有密切聯繫，其功能是協調行為使其自如、靈活變通，亦可控制情感與基本情緒行為，因此若前額葉受損，病人不僅無法計畫與執行複雜的行為程序，病人的性格與社會行為亦會受到重大影響，不僅無法工作，亦無法處理日常生活的一些活動（梅錦榮,1991, p.97）。

此外，有時會因為我們當時所身處的環境脈絡和對象的因素（如受上司誤會或在大庭廣眾之下），讓我們不能夠做最完整而真實的表達，遇到這種情況時，可以稍後做適當的表達，或是事後做補充及補救。

四、家庭教育或重要他人影響

原生家庭教導我們的是最初的情緒教育，當然也包含情緒表達。孩子是最好的觀察家，即使家長和長輩沒有用言語和特別的方式來教導，孩子也會觀察家長與家人及他人的互動，從中學習到如何表達與處理情緒。因此，當我們與他人互動時，或是有引發情緒的事件發生當下，通常會以自己最熟悉及習慣的方式表現，這通常與自幼的家庭教育與習染有關。隨著年紀漸漸成長，我們的生活中會出現其他的情緒表達楷模，才學會慢慢拓展情緒表現的範疇。

因此，家長的以身作則最重要，自己不亂發脾氣、有極佳的情緒管理，對孩子來說就是最好的學習典範。師長即便生氣，也不需要表現情緒化或使用辱罵字眼。此外，示範與他人互動的正確方式是很重要的，還要與孩子討論當他人刻意激起自己的情緒時的因應之道，並做沙盤推演，甚至演練。再則，家長要教導孩子，如何因應他人的不合理要求與情緒激動下的行為，光是用說教或警告的方式，絕對不足，藉由機會教育或訓練是最有效的。

當然，情緒教育主要還是取決於所生長的環境。成長在願意公開表達情感、討論感受的家庭裡，也會思考及培養與他人溝通自己情緒的字彙，反之，若是生長在不願意表達或討論情緒的家庭裡，孩子只會壓抑情緒，也學不會情緒溝通的適當方式（Shapiro, 1997/1998, p.260）。

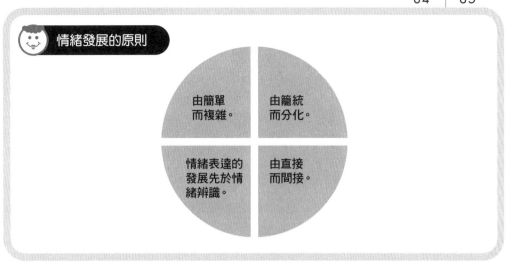

情緒發展的原則

由簡單
而複雜。

由籠統
而分化。

情緒表達的
發展先於情
緒辨識。

由直接
而間接。

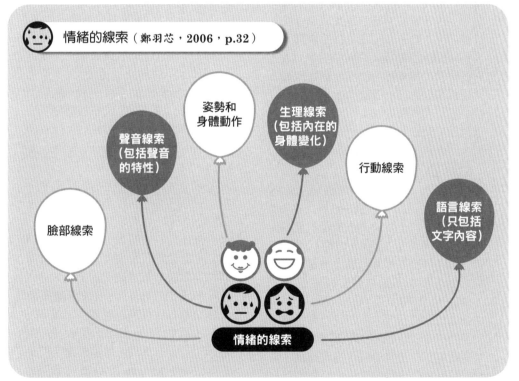

情緒的線索（鄭羽芯，2006，p.32）

聲音線索
（包括聲音
的特性）

姿勢和
身體動作

生理線索
（包括內在的
身體變化）

行動線索

臉部線索

語言線索
（只包括
文字內容）

情緒的線索

＋ 知識補充站

何冠瑩（2003，引自鄭羽芯，2006, p.41）指出，不同性別在面對愛情關係及一般人際關係上，對於生氣事件的表達可能不同。在一般人際關係上，女性較男性會用「放在內心不表達」的方式來處理生氣；但在愛情關係上，男性比女性更會用「放在內心不表達」的方式來處理生氣。

6-5 影響情緒表達的因素（續三）

五、個性與經驗

有些人生性內向害羞，或是大腦、基因（如自閉症或生病）影響，即使給予許多訓練，進步卻有限，然而也不應輕易放棄，因為「熟能生巧」是養成能力的不二法門。

個性害羞者，常常不是因為社交技巧不足，而是會想太多，較難主動踏出第一步，也擔心自己的情緒表現方式是否能讓人接受，因而採取退縮或不表態的居多。許多曾經遭遇創傷或是學習能力較差者，對於自身經驗的歸納與解讀，容易有偏頗之嫌，像是遭遇過性暴力者，對於肢體的接觸都可能視為與性有關，或是與暴力有關，因此激起的情緒與行動（討好或抗拒）就會不同。有些人的信念極為堅固，即便有明顯事實擺在眼前，仍會選擇堅持自己原有的念頭。

六、語言能力

情緒需要溝通，才能夠讓他人知道我們的需求（如嬰兒餓時會哭），這也是滿足需求的一個管道（搜尋或獲得資源以滿足需求），而當我們的新大腦皮質具備了解情緒與使用語言表達感受的能力時，我們的認知發展就更進一步（Shapiro, 1997/1998, pp.259-260）。表達情緒的方式有很多，除了我們有生理上的反應（內分泌系統、循環系統等）、表情與姿勢等非語言方式，還有繪畫、音樂、肢體動作、舞蹈等等，而我們最常用的還是語言。因此，使用語言表達自己情緒的能力，也是滿足自己需求的重要方式（Shapiro, 1997/1998, p.258），所以教導表達情緒的第一步是「認識及增加表達情緒的字彙」。

當我們以言語來表達自己的快樂、興奮、悲傷或煩惱等情緒時，所使用的字眼，也會回過頭來引發我們的情緒。我們常會以自己的生理變化，來描述自己的情緒狀態，像是「我的心一沉……」、「我的手發汗」等（Shapiro, 1997/1998, p.259）。

表達情緒也可以善用隱（譬）喻（或打比方）的方式（通常是十六歲之後），我們日常生活中有許多的譬喻，基本上可以有「方向性」的，如快樂是情緒亢奮上揚的，不快樂是低落的；「本質論的」（ontological），如「他快要崩潰了」；以及「結構式的」，如「爭吵如戰爭」，將其他物件或事件的意義做延伸（Lakoff & Johnson, 1980, cited in Krone & Morgan, 2000, p.85）。

人類發明語言文字，而語言文字可以製造情緒，當然包含了正負面情緒。語言可以激怒，也可以激勵人，不同的文字對於個人的影響也可能不一樣。研究發現，若是遭受創傷者，其對於有關創傷的字眼會有較激動、受傷的情緒。此外，情緒在記憶力上也扮演了重要角色。像是若有人目睹謀殺事件，每個人記得的片段會不同，因為大家會將關鍵內容記下，其他部分則是以想像來補足（Evans, 2001/2005, pp.109-112），也因此警方在調查相關案件時，目擊者的第一次訪談較具可靠度。

情緒表達的能力

非語言能力	表情、肢體動作、距離、態度、語調與聲音的使用。
	音樂或歌唱、活動、書寫、使用藝術媒材。
語言能力	使用正確貼切的情緒字彙、「我」訊息、同理對方情緒並表達出來。

 情緒的表達困難處

語言表達得模糊
要表達的與說出來的不符，如口中說「別鬧了」，但是肢體的表現是繼續胡鬧、逗弄。

無法真確表達想要的
無法用正確的字彙表現出情緒，像是很憎恨，卻只說出「討厭」，但是也可能是受情緒表達規則的約制。

未表達情緒，給人太多想像空間
有人習慣以沉默或冷戰方式，來表現不滿或憤怒，卻沒有溝通，這樣的沉默空間容易滋生其他不必要的事端或誤會。

責怪他人，不表達情緒
不談自己真正的感受，只是將箭頭轉向對方或其他人事物，來譴責或歸咎。

＋ 知識補充站

在愛情關係中，女性較男性偏向以語言及間接方式表達自己的負面情緒，男性則較女性偏向以控制或不表現情緒來表達負面情緒（鄭羽芯，2006，p.123）。

6-6 影響情緒表達的因素（續四）

七、非語言能力

我們一般人在溝通時，所依據的線索是所有語言與非語言的一切，還包括對此人的印象與經驗。根據研究，在面對面的互動過程中，一般人傳達情緒的肢體動作（包括表情、姿態、手勢）占了五成五，聲調則占了二成八（如聲音急促、音量加大、聲調提高，表示憤怒或波動情緒；反之，語調平和、輕聲細語等，表示情緒平穩），語言只占了一成七，可見非語言表達的重要性（Shapiro, 1997/1998, p.266）。臉部可以呈現不同的情緒表達，像是悲苦情緒在眼睛、快樂與厭惡在嘴部、驚愕的表情由前額決定，憤怒情緒則表現在全部臉部上。

兒童期所發生的霸凌事件，許多是因為霸凌者錯誤解讀了受害者的非語言訊息，而孩子若因為非語言溝通出現問題，就會直接影響其人際關係。

罹患「妥瑞氏症」的人，肢體會不自然扭曲，有時口出惡言，這些都不是其可以控制的，卻會引發許多不理解之旁人的側目與厭惡，可見非語言訊息的影響是多麼重大。

八、位階或情緒事件的　　環境脈絡考量

倘若情緒事件發生的相對人是比自己位階較高者（如長官或老闆），可能會朝壓抑情緒的方向走，若對方位階較低，反應選項就會多一些。也就是個人會評估情緒表達所引發的結果是否對自己有利而定（認知評估）。

情緒事件發生當下的環境脈絡，也是重要的影響因素。在大庭廣眾之下，一般人較容易壓抑或抑制自己爆發或難過的情緒，也就是情緒的表現強度會受到影響，有時候甚至會改變情緒向度（如本來應該要生氣的，卻反向表現出歡喜或中性情緒；例如當店員碰上來消費的「奧客」時），這些情緒表達都是經過「認知評估」才做決定。當然，若是個體較衝動，或是根本不考慮後果，其情緒表現自然不同。

九、表達目的不同

每個人表達情緒的目的有所不同，大多數人只是要真實表現自己真正的感受，達成溝通、分享或釐清感受的目的，但是也有人利用情緒的表達來達成其不同目的，像是訴求他人之憐憫、良心發現或是伸張正義（藉以改變或控制他人），也就是情緒的表達有其「工具性」意涵。像是激起同仇敵愾來一起行動復仇，或是激發他人的質疑、離間彼此關係，或是裝作楚楚可憐、博得他人憐愛或同情等。

小博士解說

情緒表達一般都是經過「評估後果」的認知過程，只是有些人在情緒激動的情況下，評估有所不周全或缺損，以至於做了需要承擔負面後果的決定。

情緒的分類

原始情緒	個體對環境最原始、基本的情感反應,是此時此地且立即性地對當下情境所做的直接反應。
次級情緒	是針對基本的情緒或想法做反應,是「反應性」的情緒。
工具性情緒	為了達成控制、改變或影響的目標,像是表現生氣是為了引起注意,表現悲傷是為了得到慰藉。

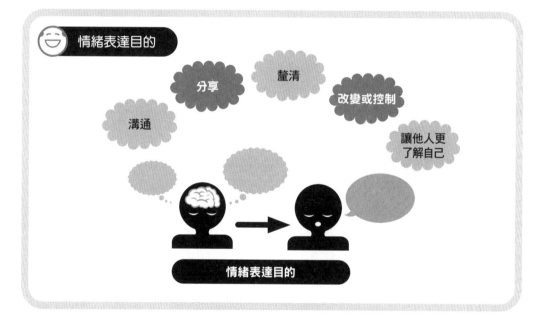

情緒表達目的

＋ 知識補充站
　倡導情緒的「情境主義」者認為:個體的發展是個人與環境交互作用的一個連續發展過程。個人情緒的發展,是其為了能夠有更好的生存、與周圍環境互動有更佳結果,因此,個體與環境互動的經驗,是其情緒發展的重要影響因素。

6-7 **影響情緒表達的因素（續五）**

十、情緒表達規則

基本上，有許多情緒表現是跨文化皆同的，但是不同社會文化或在特定情境底下，就衍生出不同的情緒表達規則，而「情緒表達規則」也是社會化的一環，教我們在不同場合、面對什麼人，應該表現或不表現何種情緒。

情緒表達規則與個體自身的社會文化有關，該社會文化會明白或隱性地規範情緒表達、約定俗成的原則。對情緒表達規則的認知，是個人社會能力發展的一個重要面向。情緒的表達是為了更能夠適應社會環境，因此個人不能總是表現自己真實體驗到的情緒，而是根據情境來表現出符合文化習俗規範，或是能夠使自己或他人獲益的情緒。

情緒的調節與情緒表達規則有關，個人隨著年齡增長，逐漸能夠認識情緒的產生、經驗、表達與理解，都和自身主觀的心理（意圖、願望、信念）有關。兒童在三歲左右就稍稍具有隱藏真實感覺的能力，慢慢地就能夠呈現與內在感受不同的表情，直到學齡期就已經能了解情緒表達的規則，了解不應該輕易洩露哪些情緒。可見情緒的社會化是很早就開始。

情緒表達規則是個人在社會化過程中所習得的，指導個人在特定社會情境下表現出符合社會期望情緒的一套規範，其功能為利用外部情緒表現來與他人溝通，也利用對情緒表達規則的認知，來調節自身情緒體驗的方式。兒童對情緒表達規則中，最重要的是依其互動對象以及需要掩藏情緒的性質而定，也就是指互動對象是長輩或同伴、需掩藏的情緒是正面或負面。

不同情緒的表達

我們的主要情緒，和需求獲得滿足與否有關係，包含苦惱及愉快情緒。苦惱主要與不舒服，或需求未獲得滿足有關，反之，需求獲得滿足就會有愉快的感受。

從主要情緒分化而來的就是「衍生的情緒」，像是「憤怒」是由苦惱分化而來，將需求未滿足的不舒服感做進一步的表達；而「厭惡」也是由苦惱分化而來，把不喜歡的感覺表現出來；另外，「恐懼」也是由苦惱分化而來，將對陌生事物的不安全感表達出來；還有「嫉妒」也是從苦惱分化而來，是結合了憤怒、恐懼與愛三種情緒。「得意」的情緒是由愉快分化而來，將探索成功的感受表現出來；「快樂」是由愉快分化而來，「喜愛」也同樣由愉快分化而來，用來回應他人的安撫。

情緒系統是針對立即發生的事件做回應，也會反映出個體當下的身體狀況，基本上，情緒是不時在波動與改變的。一般人的情緒在平常狀態的感受較為持平且溫和，並偏向快樂，然而，個人主觀感受到快樂與否，與其對生活的滿意度有關。對不同的人來說，其性格、目標、文化與脈絡因素，都會影響事件對其之意義（Diener & Lucas, 2000, p.333-334）。

情緒的非語言訊息

眼神

表情

距離

姿勢

動作

語氣或口氣

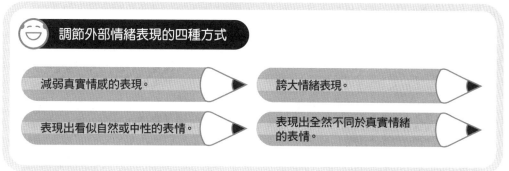

調節外部情緒表現的四種方式

減弱真實情感的表現。

誇大情緒表現。

表現出看似自然或中性的表情。

表現出全然不同於真實情緒的表情。

＋ 知識補充站

　　儘管原始情緒是當下的反應，然而一般人會遵守社會約制的情緒表達規則，因此不一定會表現出真實的情緒。像是為了表示謙遜，即便快樂，也不能表現得太張狂；有時候極想要一件物品，但不可以展現貪婪，因此表現出來的是拒絕、不高興的情緒。由於情緒也需要溝通，卻因為摻雜了太多因素要考量，而讓情緒猜測與溝通都變得很困難。

6-8 憤怒情緒

許多情緒管理往往提到憤怒情緒，因此特別在本節做簡單說明。憤怒是一種有力道的社會情緒（Schieman, 2007, p.509）。憤怒的破壞力很大，憤怒之所以產生，可能是受到不公平待遇或傷害、妨礙其社會地位或利益，或是工作中途被打斷，但是也提供了可以和解的契機。雖然憤怒有其道德判斷（如遭受不公）在內，但是社會接受度還是不一定。

男性可公然表達其憤怒，甚至以暴力形式為之，女性則是以哭泣來表現較多。不同文化裡的女性通常都較為情緒化，而男性則被要求表現出較多的攻擊與憤怒（TenHouten, 2007, p.41）。

有學者表示，憤怒可能是最健康的情緒表現方式，可以讓個體正視問題之所在，進而產生正向的改變，因為沒有被表達出來、壓抑的憤怒，對健康的損害相當嚴重。但是，氣憤最常以暴力表現出來，其所造成的後果也很嚴重。有學者（Gilligan, 1996, cited in TenHouten, 2007, p.230）研究暴力的背後通常是對「羞愧」（shame）的認同，因為缺乏愛或愛的需求未能滿足，因此以仇恨眼光看世界。殺人者所呈現出來的羞愧與羞辱是很痛苦的，其背後的情緒不一定是憤怒，只是展現出來的行為讓人誤以為是憤怒。

在許多情況下，憤怒只是一種「次級情緒」，也就是針對原始情緒（如羞愧、挫敗感）所做的「合乎情緒原則」的反應，這也是為什麼要真正去了解與同理情緒不是件容易的事，另一方面也凸顯了「理解及認出情緒」與「感同身受」是多麼重要的能力。

個人憤怒情緒的處理，最糟的是以「向外攻擊」或「向內攻擊」的方式因應，前者就是暴力相向，後者是將情緒往自己身上發洩，憂鬱或自殺就是最糟的結果。若有人展現出憤怒情緒，第一步還是要試圖去了解，並認可其有憤怒之權利，接著站在對方的立場，了解「擬似」的感受，然後表達出來讓對方確認。切忌以暴制暴或以怒制怒，即便有一方較無理智思考，總比兩方都不理智要好。

親密關係中的人往往不處理憤怒，有時只是不提，或讓時間過去，由其中一方先破冰，這樣的模式並不是處理憤怒的理想方式，往往會因此累積在心上，往後爭吵時又翻出舊帳，犧牲了彼此的關係或情誼，真是得不償失！因此，當下有情緒時，若不宜立即處理，仍要等到適當時機做釐清、說明，該退讓、認錯或道歉就做，先思考可能的機會成本（因為賭氣不讓步而犧牲掉的其他重要東西），或共同的公約數（彼此在乎的、後果）為何，或許就會有明智的措施。

小博士解說

為了讓受害者有機會陳述自己的感受，最近幾年倡導所謂的「修復式正義」的做法，讓有爭執的雙方釐清事實、抒發情緒、達成共識，最後商議未來如何繼續互動。

情緒分化例子

愉快

得意　快樂　喜愛

苦惱

憤怒　厭惡　恐懼　嫉妒

 憤怒情緒的特徵（Enright & Futzgibbons, 2000/2008, p.10）

★ 憤怒情緒主要針對特定事件或人物。

★ 憤怒情緒在短時間內很強烈。

★ 憤怒情緒常導致個體對於一些非引起憤怒情緒來源的人，產生負面情緒。

★ 憤怒情緒常表現出過度極端的消極態度或敵視行為。

★ 憤怒情緒有時會導致一些退化行為。

★ 憤怒情緒會一直持續。

★ 憤怒情緒來自於真實的不被公平對待或傷害事件，而非由幻想所引起。

 若有人故意挑釁時，可以做的事（針對孩子）

微笑。

離開現場。

雙手合十，「迴向」給對方。

平心靜氣
告訴對方：
「我很好。」

謝謝對方的建議。

不與其正面交鋒，告知師長做處理。

＋ 知識補充站

「撫觸」可以刺激與調節我們的天然化學物質，適當與適量使用，可以用來維持身心最佳狀況（Pert, 1999/2011, p.326），也有助於安撫情緒，這也是許多人喜歡按摩的原因之一。

6-9 **維持健康情緒的原則**

一、規律的生活習慣

　　長期睡眠不足會產生情緒失調、免疫力下降與體重過重等問題，因為睡眠不足時，感受較強烈，也較無能力去控制自己的情緒（Walsh, 2004/2005, p.231）。相對地，定時睡覺與起床，會讓自己的精神及情緒更好、體力與記憶力更佳。

　　就寢前不要喝含咖啡因飲料或太多水，容易睡不著或起來上廁所，打斷了睡眠週期；也不要看電視或手機，因為藍光會影響睡眠；若是次日有重要事項要完成，不妨將其書寫下來或記錄在手機備忘錄上，這樣就不會將掛慮的情緒帶入睡夢中。關燈睡覺最好，有助於褪黑色素（是天然的安眠藥）的產生，若是擔心晚上要起床時的行動安全，可以牆腳的小夜燈來替代。若是有午覺習慣，記得不要睡太久（不超過兩小時），要不然到了夜晚會較難入睡。

二、健康均衡的飲食

　　多蔬果且適量的飲食，適當攝取水分，不僅讓自己排泄順暢，心情也會較為愉快。吃入過多辛辣或油炸燒烤食物及肉類，除了讓胃腸不舒服之外，身體也會覺得沉重，較容易昏昏欲睡，感覺精神不濟。我們的身體原本都會告訴我們該攝取哪些食物，只是現代人的飲食太精緻，也吃得過多，甚至會以中西藥材來進補，反而讓大腦無法正常運作。甚至有人因為擔心吃進去的食物變成脂肪與體重，刻意或嚴格控制飲食，導致營養失衡、厭食等問題，身心不健康、協調，自然引起許多情緒障礙。

三、固定的運動習慣與
　　培養健康休閒嗜好

　　運動可以排汗及排毒，讓大腦產生腦內啡，使人感受到愉快情緒，增強身體的彈性、反應力與體力，較不容易受傷或生病，也可以培養挫折忍受力。生病會影響情緒，而免疫力好就不容易生病。此外，運動與良好嗜好也可打發時間、避免無聊情緒，增進與人互動機會，也創造了健康情緒的環境。

四、建立與維繫良好的
　　親密關係

　　親密關係包含家人與伴侶關係，家人是個人最重要的心靈堡壘與最後支持，因此每個人都需要花最多的心力來經營家人關係。家人關係好，可以推斷其中成員的情緒較健康，因此可以有能量去面對任何的不如意或困挫，自然也較不容易放棄或自暴自棄。

五、維持有意義的
　　良好人際關係

　　除了家人關係之外，有意義的良好人際關係，是個人心理最重要的支持力量，不僅可以讓個人有訴苦與抒發情緒的管道，不會積累在心上，造成壓力。此外，有人願意聽就是抒解情緒的途徑之一，甚至因此而得到支持或協助。若有良好人際關係，個人在情緒高漲或低落、不知如何排解的情況下，至少有抒解的管道，不會孤單。

六、願意尋求協助的能力

　　有時情緒不是自己處理就可以獲得解決，向外求助就是可用的途徑。要在他人面前承認自己不足並不容易，然而基於人類社會本質是互相依賴與幫助，尋求協助也成為值得考慮的方向，至少從專家或自己信任的人身上，也許能看到不同的觀點與解決之道，不會自困或鑽牛角尖。

 情緒的過程

前置事件 ▸ 事件解碼（或解釋）▸ 評估 ▸ 生理反應 ▸ 行動準備 ▸ 情緒行為 ▸ 調節

 常用的情緒管理技巧（Thois, 1990, cited in Peterson, 2007, p.127）

常用的情緒管理技巧

- 宣泄情緒（行動或表達）
- 直接採取行動（行為及情境聚焦）
- 重新詮釋情境（認知與情境聚焦）
- 隱藏情緒（行動或表達）
- 尋求協助（行為及情境聚焦）

家 庭 作 業

① 觀察自己在情緒事件中的身體及語言表現，並將其記錄下來。

② 檢視自己在哪些特定的情緒表達上有障礙，思考可能原因，並思考改進之道。

③ 請教家人：自己在哪些情緒的表現上有慣性反應？他人的解讀為何？

＋ 知識補充站

職場上常出現的五個觸發杏仁核的因素：1. 不被傾聽或想法未被理睬，2. 對方採取高傲或不敬的態度，3. 受制於不切實際的工作期限，4. 未獲賞識，5. 不公平待遇（Goleman, 2011/2013, p.69）。

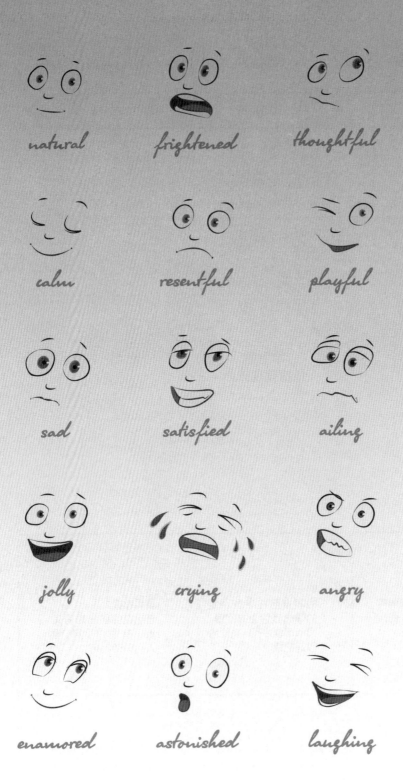

natural   frightened   thoughtful

calm   resentful   playful

sad   satisfied   ailing

jolly   crying   angry

enamored   astonished   laughing

第7章
壓力與情緒

學習目標：

什麼是壓力？壓力從何而來？除了了解壓力來源之外，又該如何因應及自我照顧？本章將詳細解說這些項目

7-1　何謂壓力

7-2　情緒壓力與因應

7-3　了解壓力來源

7-4　了解壓力來源（續）

7-5　疼痛與壓力、一般壓力管理方式

7-6　因應壓力的方式

7-7　自律與時間管理

7-8　自律與時間管理（續一）

7-9　自律與時間管理（續二）

7-10　自律與時間管理（續三）

7-11　自我照顧的面向與方式

7-12　自我照顧的面向與方式（續一）

7-13　自我照顧的面向與方式（續二）

7-14　自我照顧的面向與方式（續三）

7-15　自我照顧的面向與方式（續四）

7-16　自我照顧的面向與方式（續五）

7-1 何謂壓力

與情緒最相關的就是壓力（stress），因為壓力會影響情緒，情緒也會累積成壓力。壓力與焦慮一樣，適度的情況下，會促使個體發揮潛能、激發創造力與產能，然而，過度的壓力會造成持續警戒，最後導致耗竭的情況，影響個體的行動或表現，甚至造成心臟組織的傷害（Curtis, 2000/2002），或讓疾病有機可入，甚至有身心問題產生，也因此現代人因為壓力或情緒的困擾而受苦者甚多。

壓力是指因為壓力源而引起的狀態，因此產生因應不愉快情境的反應（Curtis, 2000/2002, p.141），也就是指身體任何對外在要求而引起的系列反應，包含認知、情緒與生理等層次（李明濱，1997, p.37）。

壓力通常指三個不同的歷程表現：

一、「壓力源」（stressor）

環境中具有威脅性或傷害性的刺激事件。壓力來源因人而異，包括家庭責任（經濟與角色）、人際關係、工作要求、角色期待與衝突（職業女性尤然）、失落經驗、日常生活的小壓力等。人生不如意事十常八九，而這些「不如意」往往就是我們的壓力源。

二、「壓力評估」（stress appraisal）

個體評估內在資源無法順利處理此一壓力源，就得去做一些適應性的行為來因應或處理。壓力評估通常是指「認知」層面的評估。

三、「壓力反應」（stress response）

個體因應壓力源而表現在生理、行為、情緒或認知四種層面上的反應。壓力的生理反應主要是「戰或逃」（fight-or-flight）。在面對壓力時，第一時間想要逃避是正常的生理反應，然而接下來我們就會思考：若逃不了，該如何因應？這就是「戰鬥」的反應。

壓力的心理反應是透過學習而來，因個體的經驗及背景不同，面對壓力的心理反應也是南轅北轍，而壓力的心理反應是調節壓力最為重要的策略之一。在壓力反應的種類中，可以改變壓力所帶來衝擊的變項稱為「壓力調節變項」（stress moderator variables），包括解讀（認知）與幽默、社會支持、自我強度與因應能力等，有些則會隨著時間與發展階段而緩解或解決。認知評估（cognitive appraisal）是主要的調節變項之一，個人如何看待所面臨的事件（構不構成「壓力」、威脅性大小），會影響隨之而來的情緒與處理方式。

對於壓力的調適，有所謂的「一般適應症候群」（General Adaptation Syndrome, GAS）的說法：「警覺階段」（alarm stage）—「抗拒階段」（resistance stage）—「耗竭階段」（exhaustion stage）。「警覺階段」是覺察到有壓力情況出現（不管是事件發生、生理反應或認知到），接著會以抗拒的方式來抵制或處理壓力，若是堅持過久，體力與心力俱耗的情況下，最後會以疲倦、耗竭收場，甚至正常生活功能也無法再繼續或發揮。

壓力反應

生理反應	心跳加快、血管收縮、血壓升高；唾液分泌少、胃酸分泌增多、腸胃肌肉蠕動增加；骨骼與平滑肌收縮；呼吸與汗腺分泌增加。
行為	精神不振、睡眠過多或少、飲食不正常、有自殺傾向等。
認知	注意力、判斷力及記憶減退與反應降低。
情緒	恐懼、焦慮、緊張、害怕、生氣、難過、無助、絕望、恍惚等。

 情緒壓力的「一般適應症狀」（general adaptation syndrome, Selye, 1956, cited in Carlson & Hatfield, 1992, p.478）

Step1	警示階段	準備好要迎接威脅。
Step2	抗拒階段	試圖要處理那個威脅。
Step3	耗竭階段	因應威脅後而產生的疲憊。

＋ 知識補充站

　　一般認為具有以下人格特質者較容易感受到壓力：Ａ型人格、完美傾向、不善表達或憂心忡忡者（凡事較往負面思考）。

7-2 情緒壓力與因應

近幾年來，心理學家發現，我們的情緒狀態對於心智有廣泛的影響力，情緒的作用就像我們內在的情緒脈絡，會勾起以往的記憶。我們可以學習與不同的情緒相處，第一步是學習看清自己是如何被困住，更加覺察到自己的心智模式是如何被啟動，又如何造成更多痛苦（Williams, et al., 2007/2010, p.64）。

壓力會導致情緒失控，而身體壓力激素也會讓人體免疫力降低、神經系統失衡（Goleman, 2011/2013, p.82），因此長期處於高壓力狀態下的人，不僅容易有情緒上的問題，身體也會出現警訊。許多人會刻意壓抑自己對壓力的反應，但忽視或不理會並不會讓壓力源消失，因此持續一段時間之後，可能因為某一個細微事件，就引爆衝突點或是成為「壓垮駱駝的最後一根稻草」！

血清素是穩定情緒的神經傳導素，若是長期（如三、四個星期）處於情緒低落的情況下，體內的血清素也會降低，因此需要藉由藥物（抗鬱劑）的作用，來提升血清素的水準。壓力也會誘發或惡化身心疾病（李明濱，1997, p.37），引起神經系統、內分泌與腎上腺素的改變，而這些改變主要是因應外界的環境（特別是與生存相關）而產生，倘若壓力持續，不僅會耗弱體力，也會讓這些系統因為長期處於警戒狀態而產生疲乏，因此削弱其反應能力。

壓力引發的疾病（Carlson & Hatfield, 1992, pp.491-498）有：胃潰瘍、心血管疾病（血管硬化、高血壓）、免疫疾病（異位性皮膚炎、感冒、呼吸道疾病等）及身心症（如哮喘、癌症）等。

具有一些性格特徵者較易有壓力產生（所謂的「神經質性格」），像是完美型、焦慮型、依賴型、戲劇型、自戀型、逃避型與侵略型（李明濱，1997, p.40）。一般認為「A 型人格」之行為模式，包含過度好強、好鬥、缺乏耐心，以及對於時間的要求太過急切等等。A 型行為模式的人，較一般人容易罹患冠狀動脈心臟血管疾病。反之，「C 型人格」可預測個體未來是否罹患癌症的可能性，因為自我犧牲、極端的親切、行事被動、不自我肯定、對權威者順從，以及不會表達負面的情緒，特別是憤怒和其他不愉快的情緒（隱忍、向內攻擊人格）。當然還有「B 型人格」，凡是慢條斯理、緩人所急，常常會把周遭人逼瘋，自己卻還怡然自得！

一個良好壓力因應者具有的特徵為：有良好自控力及操縱環境的能力、對事情或工作很投入且可忍受暫時的不快樂、均衡飲食與規律運動、善用周遭的社會支援與網絡（李明濱，1997, p.41）。有學者提出健康的「3C」性格，指的是挑戰（challenge）、承諾（commitment）及控制（control），具有此性格的人，對壓力事件會有比較好的適應能力（Kobasa, 1979）。因此，對於壓力的處理，除了維持身心健康狀態、可應緊急之需外，還要適時做釋放與抒解，千萬不要累積，因為通常自己也不知道何時已屆臨界點而瀕臨崩潰，或產生身心問題。

小博士解說

我們在放鬆時，不僅會有較多的創意，副交感神經也會活絡，「正念減壓」的理念就由此而來（Goleman, 2011/2013, p.83）。

壓力對身體的影響（徐畢卿，2016, pp.213-214）

	急性	慢性
生理	血壓增高、心跳加速，因高血壓引發心律不整等疾病。	腸胃道疾病、免疫功能失調（如常感冒）、腦或心血管疾病、肌肉骨骼疾病。
心理	疲勞、焦慮、缺乏信心。	恐懼、焦慮、畏懼或強迫症。
行為	夜裡睡眠品質差、白天精神不振，需要用藥物或酒精麻醉自己，導致藥物上癮或酒精中毒。	（同左）

 壓力引起身體系統的改變（Curtis, 2000/2002, p.142-146）

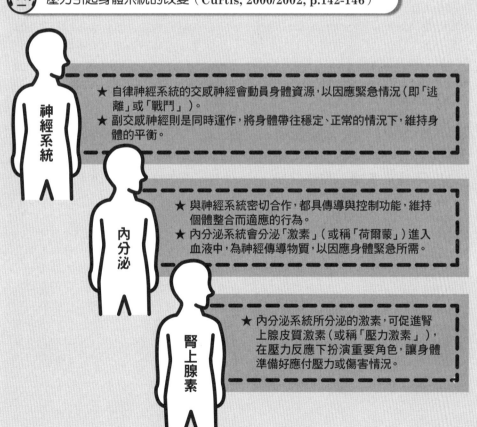

神經系統

★ 自律神經系統的交感神經會動員身體資源，以因應緊急情況（即「逃離」或「戰鬥」）。
★ 副交感神經則是同時運作，將身體帶往穩定、正常的情況下，維持身體的平衡。

內分泌

★ 與神經系統密切合作，都具傳導與控制功能，維持個體整合而適應的行為。
★ 內分泌系統會分泌「激素」（或稱「荷爾蒙」）進入血液中，為神經傳導物質，以因應身體緊急所需。

腎上腺素

★ 內分泌系統所分泌的激素，可促進腎上腺皮質激素（或稱「壓力激素」），在壓力反應下扮演重要角色，讓身體準備好應付壓力或傷害情況。

7-3 了解壓力來源

「壓力源」是指個體認為已威脅到其身體或心理安寧的各種事件，可能是內在的（如疼痛）、外在的（如環境變化），或社會的（如人際關係）。

「壓力反應」（stress responses）則是指對這些事件的反應，包括身體變化（逃離或戰鬥）、情緒變化（焦慮、憤怒或憂鬱），以及認知減損等。

對於是否為壓力源或其嚴重性如何，每個人的解讀與評估不同，正向或負向壓力源都可能造成壓力，而且壓力是可能累積的（Holmes & Rache, 1967, cited in Carlson & Hatfield, 1992, pp.479-480）。雖然一般說來，不同的生活事件（如右圖）會引發不同程度的壓力，然而，也有學者認為平常生活的一些小事件（hassles，如付帳單、管教小孩、生活在犯罪社區等），也是需要常常處理的壓力源（Carlson & Hatfield, 1992）。了解壓力來源，基本上就可以做適當處理。

一、是否要在時間緊迫的情況下完成多項工作或任務

時間與事件的重要性，通常是我們最重要的考量，因此先估量是否在時間有限的情況下，要完成多項工作，有沒有緩解之道？需不需要資源？有人要有計畫地一小步、一小步進行，有人相信自己的潛能可以在最後幾小時內完成，因此臨時抱佛腳，這就與此人的性格或習慣有關。

固然有些人在時間的壓縮下產值很高，但畢竟是少數，而且有些工作不只涉及自己而已，還會牽連到他人，就較不能太自我中心了。

即便是同時有多項工作需要進行，但是權衡其重要性以及急迫性，還是會有一些優先次序出現；或許有些事務的完成期限是同一段時間，但是之前要做的準備，或是可完成的小部分，都可以先做，不需要將這些都集中在某段時間內，這樣也可以分散壓力。

二、是否列出重要的優先次序

每個人對於完成事務的優先次序不同，我們通常會將自己想做的事放在前面，但是也會先思考其重要性與急迫性如何，所以就列出先後順序。

最有壓力的就是將許多事一股腦兒集中在某段短時間內完成，不僅考驗自己的心力與時間，也可能會無法兼顧（基本上，人是不能同時做兩件事情的），落得結果不如預期。

拖拉或延宕性格者，喜歡將要辦理的事物拖到最後一刻，而喜歡掌控一切的人，只要不遂己意就無法忍受，這些人的壓力會比一般人要大。當然也有造成他人壓力的人（如老闆，或是太慢條斯理、無優先次序觀念者）。

我們許多處理事物的習慣，是與養成經驗及個性相關的，一般人會很清楚自己在有限時間內可以先完成哪些項目，或是將重要事務擺在前面，先行完成。即便是計畫或安排很完美，也會碰到突然出現的緊急事務要處理，但至少心裡很清楚事務的優先次序，比較不容易亂了方寸。

列出優先次序的考量（不限於此）

按照時間允許
的程度

按照完成先後
的急迫性

按照簡易或複雜
處理程序

 先　後

按照自己能力所及
順序

按照自己喜愛或
不喜歡

按照他人要求
的先後

 生活壓力量表（Holmes-Rahe Socail Readjustment Ration Scale）
（Holmes & Rahe, 1967, cited in Carlson & Hatfield, 1992, p.481）

等級	生活事件	平均指標	等級	生活事件	平均指標
1	配偶死亡	100	23	子女離家	29
2	離婚	73	24	與姻親的問題	29
3	分居	65	25	個人表現優秀	28
4	入獄	63	26	妻子開始或停止工作	26
5	家庭成員死亡	63	27	開始念書或畢業	26
6	受傷或生病	53	28	居住情況改變	25
7	婚姻	50	29	個人習慣重整	24
8	被解僱	47	30	與老闆的問題	23
9	婚姻（關係）和解	45	31	改變工作時間或情況	20
10	退休	45	32	居住地方改變	20
11	家人健康出狀況	44	33	換學校	20
12	懷孕	40	3	娛樂活動改變	19
13	性問題	39	35	教會活動改變	19
14	增加家庭新成員	39	36	社交活動改變	18
15	生意上的重新調適	39	37	房貸或借貸少於三十萬美元	17
16	財務狀況改變	38	38	睡眠習慣改變	16
17	親近友人死亡	37	39	家人相聚次數改變	15
18	工作改變	36	40	飲食習慣改變	15
19	與配偶爭吵次數改變	35	41	度假	13
20	房貸超過三十萬美元	31	42	聖誕節	12
21	房貸或借貸被拒	30	43	小小違法	11
22	工作責任改變	29			

＊ 註：因為時空與環境已大不相同，有些壓力程度或項目也有差異。

7-4 了解壓力來源（續）

三、了解壓力可能來源並先做處理

若是壓力源單純、自己能力或資源足夠、時間等客觀因素也都充分的情況下，比較容易解除壓力源。然而，許多的壓力源通常不是單一的，因此就會造成個人的情緒負擔及壓力感。

其實，對於許多壓力源，個人自己都很清楚，只是有時候並不是自己獨力可以解決，或是得要經過一段時間才會有結果，但是若能夠按部就班，在當下做妥善安排，或將可完成的部分先做處理，也就是不累積壓力，都可以避免壓力的襲擊，因此時間與事務的管理就很重要。

四、解讀壓力的向度

認知心理學派認為，我們的情緒源自於對生活情境的信念、評估、解釋與反應，不是因為事件發生而造成情緒與行為的結果，而是我們看事情的角度與解讀所造成。

主要的心理困擾（就是對生活實境或覺知的困擾反應，源自於非理性思考）有「自我困擾」（ego disturbance）與「不舒服的困擾」（discomfort disturbance）兩種，前者常以「自貶」（self-depreciation）的方式呈現（自我要求達不到時，或嚴苛要求他人），後者主要是非理性信念造成（如要求舒適、不能忍受事情不如己意），而只有無條件接受自我，做出有理性、合現實的反應，也有適當的困擾容忍度（disturbance tolerance）才是健康（Dryden, 2007）。許多的壓力是自己創造的，或是自己給自己的，同樣的問題在不同人身上所產生的壓力有異，因此，個人的解讀可左右壓力的方向與程度。

非理性思考或信念是造成情緒困擾的主要關鍵，而所謂的「理性思考」有四個標準：一、有彈性、非極端的；二、實際的；三、合邏輯的；四、以事實為依據的；而相反地，非理性就是僵化、不切實際，不是以事實為依據（Dryden, 1999, pp.2-3）。我們的思考中有許多的「應該」與「必須」，「應該」通常與我們認為的責任與義務有關，而「必須」則是與我們或他人對自己的期待有關。

我們許多行為的背後都隱藏著一些信念，如果不去檢視，可能連自己都不知道。

五、壓力是否可自己獨力解決？

壓力源有時候並不是因為自己能力不足而無法解決，可能有其他因素牽涉其中（包括他人、環境、資源或時間），因此並不一定可以靠個人獨力處理，此時就要檢視這些條件是否足夠，可否取得適當資源（包括人），在時間限制內是否可以解決等等因素。像是與他人合作團體報告，就需要開會、分配工作、統籌一切等，有些因素不是自己可以掌控，此時就需要較佳的溝通與協調，方可以竟其功。

有些壓力也需要時間來解決，或許我們急著要完成，或看到成效，但是不一定如我們所期待的那樣（如考試或面試放榜），也因此，解決壓力或問題，有時候還得要面對、接納、處理與放下的功夫。

適當的壓力對人的正面影響（不限於此）

有活力　促進學習　專注　激發動機與成就感　激發創意　激發潛能　有目標

stress

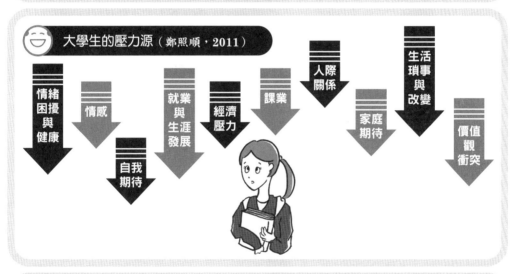

大學生的壓力源（鄭照順，2011）

情緒困擾與健康　情感　就業與生涯發展　經濟壓力　課業　人際關係　生活瑣事與改變　家庭期待　價值觀衝突　自我期待

導致壓力的因素（徐畢卿，2016, pp.244-247）

環境	擁擠、汙染、噪音。
職業	工作環境、工作本身、公司組織、人際關係。

人際關係	如不同角色期待。
睡眠問題	焦慮、憂鬱或其他心理疾病。

＋ 知識補充站

　　許多的「壓力源」不是單一出現，個人若沒有及時做適當解決或抒解，就可能持續累積下來，變成一個巨大的壓力。有時候，壓力源（如工作）無法消除，就得視個人是否可以持續承受、尋求多方途徑減壓，以及改變職場或職務。

7-5 **疼痛與壓力、一般壓力管理方式**

疼痛與壓力

疼痛的感受不僅是我們生存之所需（讓我們知道迴避或處理），也讓我們知道要照顧自己。所謂的「疼痛」，是指「與實際或潛在的組織傷害有關，或是依據這樣的傷害加以描述的不愉快感覺或情緒經驗」（Merkey et al., 1979, cited in Curtis, p.42, 2000/2002）。也就是說，「疼痛」一般是主觀的、帶給人不愉快的感受。疼痛的特性有：受傷卻無疼痛感（有人有先天的「痛覺喪失」）、受傷後延遲發生的疼痛（受傷當下並無感受，也說明了心理因素在疼痛經驗所扮演的角色），以及沒有受傷卻感到疼痛，如神經痛、頭痛或幻肢痛（Curtis, p.44-47, 2000/2002）。

身體的疼痛也是壓力源之一，特別是對於罹患慢性疾病者，因為需要與疼痛共處，疼痛管理就變得很重要，有時候並不是讓自己分心或是吃止痛藥就可以辦到。每個人天生對於痛苦的忍受度不同，有些人的界閾（threshold）很低，也就是對於疼痛較為敏感；有些人則較高，比較能承受較劇烈的疼痛，然而也要注意若是因為受創經驗而引起，可能會因為感受遲鈍或麻木，而讓性命瀕於危險。

管理疼痛的方式，可分「生理上」的，如電擊、針灸、膚電刺激、手術或藥物；以及認知行為上的，如分心法、轉念、放鬆訓練、引導想像、生理回饋、催眠；或是借用一些心靈撫慰的技巧——給予安慰或儀式。基本上，一般的管理疼痛計畫，都會採取多元方式同時進行，而非以單一方式介入。

一般壓力管理方式

Lazarus 與 Folkman（1984）提出了壓力與因應的轉換模式：個人與情境因素（是否挑起情緒）引發對壓力的覺察，接著就會去搜尋認知或情緒資源，然後個體會將個人因素（自我概念、個人情緒狀態）與情境因素（害怕的事件、社會威脅或支持系統）做分析，企圖指出壓力源與可能的解決方式（Lazarus, 1991, cited in Cassady & Boseck, 2008, p.12）。解決壓力的途徑有「除去壓力源」或「改變對壓力的知覺」兩種（Cassady & Boseck, 2008, p.12）。

一般常用的壓力管理方式有三類，它們是：

一、情緒聚焦：聚焦在情緒上，先讓情緒獲得抒發。

二、問題解決：將重點放在如何解決壓力來源或問題上。

三、認知聚焦：轉換思考或重點，像是轉念、幽默、重新架構或認知重建。

儘管有上列的幾種分類，但彼此之間並沒有衝突或扞格，我們在遭遇壓力時，自然會出現一些負面情緒，因此首先都是將情緒做一些處理，待其張力減弱之後，才有心思去做進一步問題解決。而有些人處理情緒的方式，就是採用轉念等認知方式，像是：「失敗是預料中事，沒什麼大不了，至少先試過，下次會更清楚要怎麼做。」有些人則是先將情緒擺一邊，聚焦在如何解決問題上，接著就想出了解決步驟或方式，當然也有人刻意去忽略或擺爛（讓別人處理）。

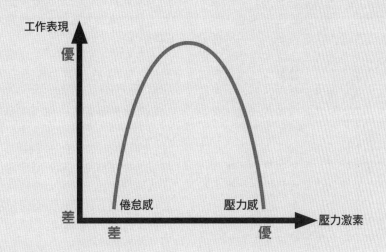

 壓力激素與工作表現（Goleman, 2011/2013, p.105）

工作表現

優

差

差　　　　　　倦怠感　　　　　　壓力感　　　　　　優　　　　壓力激素

壓力來源

日常生活的小壓力

失落經驗

角色期待與衝突（職業女性尤然）

工作要求

家庭責任（經濟與角色）

人際關係

Stress

＋ 知識補充站

認知判讀，包括：事件對個人的意義，以及個人對自己是否具有處理與改變此事件能力的看法等；此過程會受到個人體質、性格類型與過去經驗之影響（李明濱，1997, pp.37-38）。

7-6 因應壓力的方式

每個人活在世界上都有壓力，只是或多或少而已，適當的壓力與焦慮一樣，可以促進生產力與成就感，而對於壓力的重量有主客觀因素，通常與個人主觀的解讀與能力有關。像是認為讀書很有趣的人，就不會將讀書視為重擔，但是在家人期待下要考好成績的學生，倘若加上自視能力不足，就會認為壓力更大。平日我們對於周遭環境、人、事、物的觀察與覺察如何，以及如何做解讀與因應，都會影響我們處理日常生活壓力的效果。

每個人習慣或是喜歡的情緒或壓力抒解方式不一，逃避當然是最簡單的，但是情緒或壓力還在，暫時分心或躲開之後，個人還是要做處理。倘若只是以宣洩情緒為主要，要注意情緒宣洩方式是否會影響後續的事務完成或人際關係，而情緒宣洩之後，問題還是存在，得要去面對與解決。

如果長期使用少數一、兩個抒解情緒的管道，即便無效仍不知變通，可能就會惡性循環，產生許多不良後果，像是只要在工作上不如意，回家就罵家人，雖然情緒暫時得到抒解，然而犧牲掉的就是家人之間的親密，可見這樣的情緒管理是無效的！其他像是遭遇壓力就抱怨或責備、攻擊、轉移焦點、放棄不理、

自責或放縱自己（如以藥或酒來麻醉）都不是解決壓力之道，反而會衍生更嚴重的問題。

人在有壓力的同時會有想做些什麼的動機，但同時也會產生焦慮（情緒）。解決壓力的方式，之前提及有「情緒聚焦」（以抒解情緒為主）、「問題聚焦」（以解決問題為主）或「認知聚焦」（轉換想法）。轉換想法其實也將情緒做了處理，許多人會將情緒的部分處理過後，再轉而去處理問題，然而，有時候問題不是可以立刻獲得解決，還需要時間的過程（像是等待放榜結果），因此這兩種解決方向都有其功能。

處理壓力可以主動積極、消極被動或逃避。最健康有效的壓力紓解方式就是：知道自己的能力與限制，凡事量力而為；再則是懂得找相關資源（包括人脈或清楚他人的能力）；良好的生活與運動習慣，維持最佳體力與腦力；此外，隨著經驗與年齡的增長，要提升自己的挫折忍受力，就不易被壓力擊倒。

許多的壓力是自找的，也就是不清楚自己的能力與限制，甚至是不會拒絕他人，這些都會給自己造成額外的壓力，因此量力而為、學會說「不」或是拒絕，也是因應壓力的重要方式。

小博士 解說

「防衛機制」也可以抒解焦慮或壓力，但只是逃避或暫時獲得情緒的紓解，對於壓力的解除，並沒有太大功效，況且常常使用的話，不僅無法有效處理壓力，可能變成逃避、閃躲或無力因應。

一般的壓力因應方式

問題導向的因應方式	以直接面對及解決問題為目標。
情緒焦點的因應方式	以減輕伴隨壓力而生的不舒服感受為目標。
認知的因應策略	對壓力事件的重新評估和重新分析，以及建構對壓力的反應。
社會支持	可以尋求資源來協助自己因應或解除壓力。

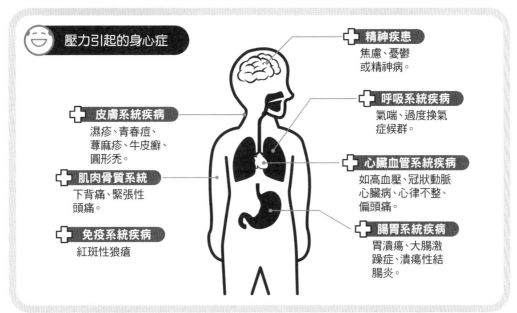

壓力引起的身心症

精神疾患
焦慮、憂鬱
或精神病。

呼吸系統疾病
氣喘、過度換氣
症候群。

心臟血管系統疾病
如高血壓、冠狀動脈
心臟病、心律不整、
偏頭痛。

腸胃系統疾病
胃潰瘍、大腸激
躁症、潰瘍性結
腸炎。

皮膚系統疾病
濕疹、青春痘、
蕁麻疹、牛皮癬、
圓形禿。

肌肉骨質系統
下背痛、緊張性
頭痛。

免疫系統疾病
紅斑性狼瘡

過度壓力產生的影響（不限於此）

糖尿病

睡眠問題或身心疲憊

情緒緊張、失控或抑鬱

人際關係問題

代謝問題

頭痛

工作成果不佳

注意力不集中

自信心低

免疫力下降（包括感染疾病）

蕁麻疹或皮膚癢

氣喘

影響記憶與判斷力

類風溼性關節炎

7-7 自律與時間管理

我們若能夠妥善照顧自己、管理自己的相關事務，才會有餘裕與能力去關照與我們關係親密的人，或想要照顧的人。對自己身心的照顧，一般簡單的生活管理就是很好的起步，不要等到身心耗竭，影響到健康或生活，甚至折損專業效率了才發現，這時通常很難做補救動作。

我們對於時間的感受很主觀，雖然時間有客觀的一面（像是每個人都只有一天二十四小時），然而我們在快樂時時間似乎過得較快、較短，反之若是不舒服或難過時，時間似乎會拉長。在我們年幼或年輕時，時間過得很慢，總想要趕快長大，然而一過了十八歲，時間的步調似乎變快了。有人說老年人是「度年如日」，更可以深刻感受到時間流逝的飛快。

我們對於時間的覺察，會左右我們的時間管理方式，當然這也與以往養成的習慣與個性有關。很有時間感的人，會將要完成的事項做細部規劃、切實履行，但有時不免過於焦慮；時間感較差的人，往往步調緩慢，有時也會耽誤重要事項，讓他人焦慮緊張。若是對於時間感有極大差異者（如急驚風與慢郎中），彼此之間對於事物的完成早晚會有較多歧異，

有時候並不是很好的合作對象。

自律可以涉及一般生活習慣與時間的管理。生活習慣的整齊整頓，凡事按部就班，有較具體周詳的計畫或準備，會為自己的健康與作息把關，不暴飲暴食或濫用藥物，甚至會有固定健康檢查的習慣等。這些習慣不僅可以讓自己妥善盡責與完成既定事項，也展現了自己是值得信賴、有能力的人。

時間的管理包括如何讓手邊的事項如期完成、成效卓著，生活的安排適當、安在，不會凡事都要趕期限或被追著跑，此外還包含在無聊、無所事事，或是一些必須等待的時刻，該如何打發或安排時間。然而，也不需要將自己的行程排得太緊，彷彿不做事就是浪費時間，或者手中若無事做，會覺得焦慮、活得不踏實。

自律當然也包括要量力而為，智慧地判斷與拒絕非自己能力所及的事務。

此外，每個人身上都有許多的角色與責任，要如何平衡這些角色，甚至協調彼此衝突（如工作與家庭）的部分，有時候使用「暫停」策略，讓自己得以喘息一段時間，間接地讓職業與生活角色可以暫時分開，獲得平衡。

小博士解說

「耗竭」（burn-out）是指身心疲憊、精力耗損，在工作上已無生產力或建設性，甚至日常生活功能與情緒都已失控的情況，這在一般人身上會發生，專業人員更是如此。

社會網絡和社會支持與健康的關係
（Heaney & Israel, 2008，引自江宜珍與李蘭，2014, p.131）

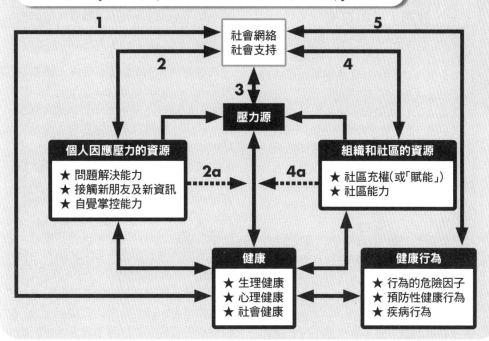

 壓力處理方式（Carlson & Hatfield, 1992, pp.522-556）

處理方式	內容
認知治療	理情行為治療（Rational-Emotive-Behavioral therapy） Menchenbaum的壓力免疫訓練（Stress-Inoculation training） Beck的認知治療（Cognitive therapy）
生理治療	生理回饋法（Biofeedback）　藥物治療　抗鬱劑、鋰鹽、抗焦慮藥物、酒精與大麻
行為治療	系統減敏法、暴露法（Implosion therapy）、嫌惡治療
其他	放鬆、冥想與運動

✛ 知識補充站

　情緒功能理論認為：情緒有促動個人去調適環境，以及修正環境來符合自己目標的功能
（Southam-Gerow, 2013, p.11）。

7-8 自律與時間管理（續一）

一、健康生活與習慣

每天的作息很規律嗎？有沒有按時進食？大多吃進健康食物？睡眠品質如何？有無運動習慣？有無定期做健康檢查？

一般人的自我照顧，通常就是從日常生活開始，首先要有健康的生活與習慣，才能夠在身心安適的情況下發揮效能。人需要有開朗、自在的態度與充足的能量，展現在他人面前的就是「希望」的感覺，因此，足夠的睡眠、健康的作息是必要的。

一般運動可增加心肺功能、降低血壓與焦慮、降低自律神經系統反應與肌肉緊張度、降低體脂肪，且有助於自我概念的提升、改善自我控制力。基本上，運動有助於抒壓，因為：（一）運動可直接改善壓力帶來的不良代謝物，如高血壓、高脂肪酸等；（二）改善體質、誘導腦部分泌腦內啡使情緒穩定；（三）維持健康體能，以因應壓力與危機（李明濱，1997, pp.43-44）。

自律還包括對於一些生活或習慣的管理與克制，不要讓自己落入不良生活的循環，自然能保持健康。也有人以酒精或藥物的方式來抒解壓力或情緒，當然不足為範，在第八章會做詳細討論。

二、安排適當的行程與休閒

每天工作的分量或安排是否適當？每項工作之間有無適當的休息與思考機會或人際活動？若是有期限壓力的工作，是不是事先安排與準備，給自己一些緩衝時間（grace period，就是將完成時間提前，以免有其他事務插進而無法如期完成）？

西諺有云：「只工作不玩樂，讓傑克變笨蛋。」（All work and no play, makes Jack a dull boy.）休閒不僅可以讓人恢復身心健康，也可以讓大腦休息，發揮更好的能量與創意。臺灣人的工作時間很長，隨著時代的進步，許多人已經不再恪守以往努力工作不休息的習慣，願意花費時間做休閒或休息，讓自己的身心在充電之後，可以重新面對生活與工作。加上目前旅遊業發達，可以停下腳步，花些時間去看看周遭世界，也讓自己增廣見聞、心胸更開闊！

適當的休閒活動也包含花時間給重要他人或家人，因為重要的支持網絡是心理健康的依據。工作雖然是成人世界的重點，但是不應該擠壓正常的生活，心理學家佛洛伊德提及，人生三要事就是愛、工作與玩樂（play）；現實學派的葛拉瑟也說，人的五大需求包括生理與存活、愛與被愛、有權力、自由與玩樂（fun）。玩樂可以說是輕鬆自在的態度，也可以是調劑生活的休閒活動。有適度的玩樂，才可能恢復體力、心力與創意，重新投入工作中。休閒活動可分為體能性、知識性、娛樂性、藝術性及服務性等類（教育部，引自高毓秀，2016, pp.219-220），有些活動兼具不同特色（如下棋可能兼具知識與娛樂兩種功能）。

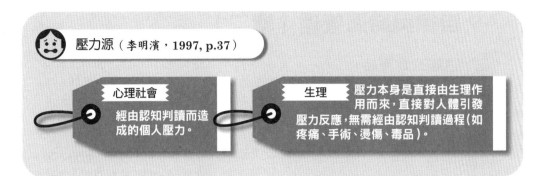

壓力源（李明濱，1997, p.37）

心理社會
經由認知判讀而造成的個人壓力。

生理 壓力本身是直接由生理作用而來，直接對人體引發壓力反應，無需經由認知判讀過程（如疼痛、手術、燙傷、毒品）。

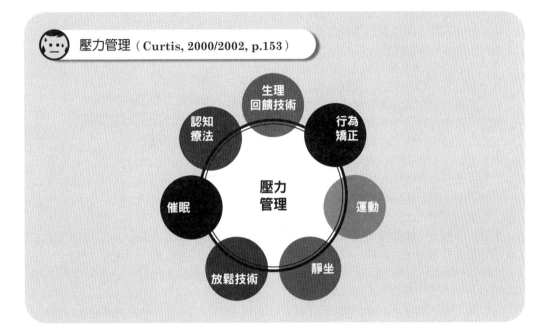

壓力管理（Curtis, 2000/2002, p.153）

生理回饋技術

行為矯正

認知療法

運動

壓力管理

催眠

靜坐

放鬆技術

＋ 知識補充站
　　「生理回饋」技術是指：以電子儀器監控生理反應的方式，提供有關生理反應的資訊（如心跳、臉部肌肉緊張度、膚電反應），讓個體可以藉此調整自己的生理反應與情緒狀態（Carlson & Hatfield, 1992, p.529）。

7-9 自律與時間管理（續二）

三、遠離三 C 產品、 多主動參與活動

現代人的生活似乎無法脫離 3C 產品，我們走在路上或搭乘交通工具，也幾乎看到是人手一機。若發現自己受到手機或電腦的掌控，像是常常不自覺地去檢視，或是手機不在身邊就會焦慮難安，或是若不看手機就無法知道下一個行程或該做的事項，可能就是太過依賴科技或科技產品上癮的徵兆。

已有研究指出，常常使用 3C 產品導致上癮行為的情緒問題，包括焦慮、憂鬱、恐慌等，像是持續檢視手機或電子郵件，沒有聽見鈴響卻誤以為有人傳簡訊或打電話來，沒有手機在身邊會覺得無安全感、不知如何打發時間或自處，這些都是情緒障礙的先兆，若無警覺或對應之方，情況就會更嚴重。

實驗結果顯示，若不繼續寄簡訊給參與者，參與者不僅認為自己自我價值低落、無法掌控與融入群體，還會有許多情緒上的抑鬱與焦慮（Smith & Williams, 2004）；大學生的學業成績與手機使用率成反比（Bjornsen & Archer, 2015），再次證明了手機的使用會影響與注意力及相關表現行為。甚至有研究者（Weller, Shackleford, Dieckmann, & Slovic, 2013）發現手機的潛在健康隱憂，而創發了「手機依附」（cell phone attachment）的新詞。

許多國內家長認為在平常孩子上課時間約束其電腦與手機使用時間是可以的，然而一到放假日或是長假期（如寒、暑假），這些約束都不見了，但這樣的規範才是 3C 產品上癮的隱憂，因為上癮行為可以在極短時間內養成。科技是人類所研發，理應受制於人類，然而我們卻目睹許多科技便利的後遺症。雖然許多的科技是為了方便（因應人類的「惰性」），可是太過便利的生活也讓人懶於思考與行動，反而未因此蒙受其利。於是，開始有人倡導簡單生活，回歸以往需要使用體力的活動，用來一滌身心！遠離手機及電腦螢幕的控制之外，增加與家人互動、接觸大自然的活動，可以讓現代人獲得壓力的抒解與喘息。

四、維持良好的人際關係 與支持系統

社會支持系統是在壓力情況下相當重要的緩解因素，可分為工具式（給予實質協助，如財務、交通、照顧孩子等）、社會情緒（如傾聽、安慰、擁抱、禱告等）與資訊（任何有幫助或提高自我評價的資訊）等三種（Thoits, 1995, cited in Francis, 2007, p.601；江宜珍、李蘭, 2010, p.130）。

良好的人脈或人際關係（含親密關係），也是個人不可多得的資源之一，有時候找個人訴訴苦，或是諮詢一下看法，至少可以減少焦慮，甚至可以獲得解決問題的靈感或方式。我們一般的生活或工作，都需要與人互動或合作，有支持系統或網絡，不僅在心態上感覺不孤單或無助，也會較有力量與效能感。

壓力反應過程（李明濱，1997, pp.38-39）

（認知判讀）外在刺激為壓力（產生神經訊息）

腦部邊緣系統（引發不同情緒反應）

下視丘（使各器官系統處於生理活化狀態，個體感受到情緒反應）

大腦皮質系統（管制運動肌肉）

 因應壓力的資源（Carlson & Hatfield, 1992, pp.500-504）

個人性格因素

如外向、高自尊、高智商、生命有目標、有幽默感者適應較佳

健康與活力

社交技巧

堅毅

對生活相關活動有能力做承諾、相信自己有能力與控制力可影響周遭事物、會期待改變帶來的挑戰或發展

正向信念

問題解決技巧

因應壓力的資源

社會支持

物質支持

 處理壓力的一般原則（李明濱，1997, p.43）

避免、減少或調整壓力源。

協助個人發展與執行降低壓力反應之技能。

以健康方式來處理壓力反應。

有創意的休閒並配合規律運動。

三C產品的後遺症

三C產品更換速度快，產生情緒焦慮。

低頭族產生頸部或脊椎問題。

藍光影響睡眠與品質。

上癮行為，如情緒問題，影響生活功能、家庭生活、工作與人際。

耗損眼力或產生病變，如乾眼症、白內障。

7-10 **自律與時間管理（續三）**

五、給予自己空間與時間

男性以工具性導向為主，認為問題一來就是要去解決，所以許多男性寧可自己獨處一段時間，去沉澱與思索可行之道；而女性則是以關係導向為主，若是遭遇到問題，可能先找三五好友談談，發洩一下情緒，也許聽聽他人的意見，然後再去解決問題。

有些時候，不管性別為何，我們都需要有自己獨處的時間，可以隔絕外面的干擾，好好面對自己，此時思慮會較為清楚，情緒上也較少焦躁。「獨處」其實就是花時間與自己相處，我們自己是最貼近自己的人，卻很少花時間給自己，總是在忙手邊的事，忘了傾聽自己的聲音與需求，這也是有心理學者呼籲要照顧我們自己「內在的小孩」（the inner child）之故。

有些人總是要人陪伴、害怕孤單，或是不敢自己單獨做一些事。人的孤單是存在的現實，在維持適當親密、有意義的人際關係同時，也需要培養獨處的能力，可以用來檢視、聆聽自己的聲音，也豐富自己的內在生活。

此外，明白自己的能力與時間限制，適度地回絕（拒絕）自己無法完成或達成的事項，也是維持自我空間與時間的重要訣竅。

六、正向思考及培養挫折忍受力

正向思考就是抱持希望感與幸福感，維持樂觀想法或轉念，不是自我灌輸式地一面倒向負面、悲觀的想法或預期結果。

採取正向思考，較不會讓自己陷溺在憂鬱、負面的情緒裡，懷抱希望時，通常較容易思考清楚，也讓他人較易親近（資源自然就會過來）。俗話說：「快樂過一天，難過過一天，都是過一天。」因此，也暗示著個人是有選擇的權利的。

正向思考是先勉強自己去思考事件的另一個面向，至少從相對的方面去想（如「沒有原則」的背後是「隨和」，「固執」的另一面是「堅守原則」），慢慢就可以思考出更多的想法，想法一旦改變，感受也會不同，這需要不斷練習。

挫折忍受力與情緒智商及成就有關，挫折忍受力越高者，其情緒智商也高，不容易衝動或被激怒，也較會花時間去思考可行之道，因此其成就越高。

「挫折忍受力」需要經驗的累積，鼓勵自己去嘗試，不要未試先退。經由實際去做與嘗試，不管成功或失敗機率多少，都可以學得一些智慧及能力，而讓人的經驗值更豐厚、忍受挫折的能力更高，當然就較不畏懼失敗，並可增加彈性。

小博士解說

所謂的「主動活動」就是「不被動接受」，而是需要耗費體力或思考才會有產能。像是耕作的同時，專注於當下、不想其他，享受汗水流泄的舒爽況味。而被動的活動像是按摩或 SPA，不是自己所主導的，對於身體的肌力與耐力的增長不大。

時間規畫方式注意事項

- 列出事情的優先順序。

- 較長的完整時間該做什麼；有些事情需要較多時間一次做完。

- 零碎時間可以如何有效利用。生活中常常只有五分鐘或十幾分鐘的零碎時間，也可充分使用。

- 要做的事可否分段處理，如背誦一篇文章時，可以切割成許多小段來背。

- 了解自己最有效率的時段為何時。

- 清楚自己需要喘息或休息的時間，並執行「休息」，或做其他活動。

 休閒活動特質（高毓秀，2016, p.219）

休閒活動對整理健康狀態（生理、心理、社會、精神與情緒等）具有正面意義。

是一種主觀的心理狀態。

強調自由裁決與獲得內在滿足。

休閒活動是個人在自由或閒暇時間，依自己意願選擇從事之活動。

休閒活動特質

 健康生活習慣（不限於此）

擁有幾個具意義的人際關係

有良好社交生活

作息正常

與大自然有相處機會

飲食均衡、不暴飲暴食

會花時間與自己獨處

規律運動

保持樂觀、正向心情

有靈性或宗教信仰

適當的休閒娛樂

7-11 **自我照顧的面向與方式**

我們每個人所擔任的角色與職責有許多種，隨著不同成長階段與任務，這些角色在重要性上也會有所不同，像是小時候是「孩子」、「手足」與「學生」，青春期則是「朋友」、「學生」與「孩子」（或「戀人」），成人之後可能是「父母」、「工作角色」與「丈夫／妻子」的重要順序。然而，這些都只是從「自己」所延伸而來的角色，只有先照顧好自己，才可能勝任其他角色，因此將「自我照顧」做好，自然也可以做好壓力的因應。

一、一般通則

在本書前面所提的一般維持健康的通則，像是良好的睡眠與作息，少吃精緻或加工食品，養成固定運動（增加腦內啡，讓自己心情愉快）或活動習慣、定期健康檢查與休閒（休息），與重要他人或人際維持良性互動、不染上不良嗜好或上癮行為等，這些對於情緒健康也有附加效果，當然還可以做其他的自我照護方式。

了解自己較容易出現的情緒，以及促發失控情緒的場景或因素，讓自己可以暫時離開現場，喘一口氣或冷靜一下，或是深呼吸，讓情緒平穩下來，找個人談談，發洩一下情緒，跑一跑或做運動，聽音樂或看影片分心一下，甚至是找不會讓自己受傷的方式發洩情緒（如大叫、捶抱枕、跳一跳），等情緒可以掌控了，再回過頭來解決或處理方才造成情緒出現的問題或事務。

要謹記：情緒抒發只是暫時的，問題不會因此獲得解決，但先抒發了情緒，就較不會在情緒的影響下與他人互動或處理事情，結果較不易失控，自己也不會後悔。情緒穩定之後，腦袋較清楚，會有較佳的解決之道。

二、自我對話

我們常常在做決定時會有不自覺的自我對話（說出來或只在內在對話），彷彿在這樣的一來一往之間，可以更清楚自己的思緒，也容易做更佳的決定。若能將自我對話記錄下來，更可以協助自己釐清想法。

撰寫覺察日誌或週誌，也是自我對話與自我整理的好方法，為了避免變成流水帳式的記載，可以就重要事件來做紀錄，除了描述事件之外，也加入自己的想法、感受與行動是最好的。

書寫也是自我療癒的一種方式。我們一般人有機會將自己所經驗的事件重新述說給別人聽，或者是自己寫下來做一種整理，都是相當有效益的，這也是目前流行的書寫療癒過程——透過書寫，可以有機會重新去體驗與看見，而人類天生的自我反省能力，也會促使我們做些修正與改變，讓自己過更好的生活！

小博士解說

與自己對話（self dialogue），可以站在不同的立場思考同一件事情，進行說明、解釋或論辯，經過對話之後，也會比較清楚自己的想法或觀點，而在自我對話的同時，自己也可以藉此整理自己的思緒，釐清一些迷思。

自我照顧包含項目（Staton et al., 2007, pp.66-67）

身體健康	飲食是否正常？有無規律運動？
情緒健康	照顧自己的內在與人際需求。是否從家人那裡獲得足夠的支持？有無感受到崩潰邊緣或氣憤？
界限	是否在與工作無關的要求時，會肯定說「不」？在工作之外，可否享受生活，不受工作上的焦慮所擾？
自我覺察	是否了解自己與自己的需求為何？能否反思與面對挑戰？
維持創意	與生活有關的創意發揮，而不是將工作變成例行公事。

 壓力對認知過程的影響
（Mandler, 1082, 1984, cited in Carlson & Hatfield, 1992, p.514）

✚ 知識補充站

　　面對衝突或他人不諒解時，首先不要「對號入座」，或許對方對你／妳有誤解，因此更需要冷靜；其次，不要將對方的情緒「個人化」，認為對方是針對你／妳而來，或是認為自己沒有必要承受其怒氣、變成其受氣包；深吸一口氣，讓自己有思考空間，然後再想辦法做建設性因應。

7-12 **自我照顧的面向與方式（續一）**

三、正念或冥想

正念（mindfulness，或稱「內觀」）是專注於身體感覺，讓自己不落入未來，或卡在過去的心理陷阱中，而能夠轉化情緒本身（Williams, Teasdale, Segal, & Kabat-Zinn, 2007/2010, p.22）。因為我們身體的活動有絕大部分是在自主的潛意識層次進行，因此若能將身體活動（如呼吸）的過程提升到意識的層次，要改變就比較容易（Pert, 1999/2011），這是內觀的基本立論，與精神分析學家佛洛伊德的理論相同。

內觀能力建立之後，我們就越來越能觀察自己的想法與情緒（Williams, Teasdale, Segal, & Kabat-Zinn，2007/2010, p.199）。運用寬廣的覺察，帶領自己到過去的創傷或目前的痛苦或困難之中，可以為心智與身體開啟新的可能性（Williams, et al., 2007/2010, p.202），也有更好的處理／因應方式。

冥想（meditation）是傾聽身體的感受與感覺，以提升對身體的覺察敏感度（Williams, et al., 2007/2010, pp.158-159）。冥想或靜坐，最基本的就是「觀察」的功夫；「呼吸」不是我們「做」出來的，我們是「目睹其發生」，而冥想就是從呼吸開始，再轉移到內在的生命力（Tolle, 2006/2008, p.235）。

正念或冥想強調的是個體對自我的敏銳度，目前有許多關於正念的實驗與研究，發現它不僅對情緒障礙者（如過動或憂鬱焦慮症者）有正向幫助，可減緩症狀，讓受試者恢復自信，用在行為偏差的青少年身上也同樣有效（Himelstein, 2013）。

冥想可以增加專注力，也可以是與自我相處的方式之一。平常忙碌於日常生活的繁瑣事件中，我們只是以不斷的「做」（doing）來證明自己的存在與意義，殊不知這樣的生活模式常常讓自己感覺耗竭或麻木。倘若每天可以花些許時間，容許自己面對自我，或許對自己會有更多的認識與寬容。

花時間給自己、與自己相處，也是正念或冥想的目的之一。冥想是讓自己的心情沉澱下來，不要執著在某個意念或感受中，而是讓它過去，這樣子持續練習的結果，會發現情緒很容易放鬆且清明，不固執在一個點上，連帶地也讓自己的思想清楚、不迷惑，同時也會接納自己、理解自己，並疼愛自己。我們在生活中總是急著去做、去完成某些事，卻很少去接觸自己身體及內在的感受，冥想提供了我們一個很好的機會。

小博士 解說

「正念」是當今研究領域及一般生活很「夯」的活動，也陸續有研究證實其對於腦力、情緒的正面影響，目前也運用在過動兒或是有情緒疾病者身上，效果不錯。

關於冥想的研究證實它對孩子有以下效果（Goodwin, 2016, p.168）

增進孩子的情緒、社交與生理健康及福祉。

協助孩子管理他們的行為與情緒。

減少壓力、焦慮及睡眠的問題。

增進認知的表現，以及功能執行技巧。

 內觀可透過以下活動進行練習

品嚐	愉快、不愉快及中性感受	其他
動作與呼吸	嫌惡反應	
伸展、運動、走路	聲音	

 放鬆訓練要素（Benson, 1975, cited in Carlson & Hatfield, 1992, p.553）

找一個不受干擾的安靜環境。

選擇一個字或一句話（可以一再念誦）。

採取被動的態度（接納所有產生的想法或感受，讓它過去）。

採取一個舒服的姿勢。

✚ 知識補充站

　　情緒能力包括：覺察自己與他人情緒、了解情緒、同理／同情、情緒管理與情緒社會化（指重要他人，特別是父母，刻意或無意地，教導子女有關情緒知識與管理的過程）（Southam-Gerow, 2013, p.12）。

7-13 **自我照顧的面向與方式（續二）**

三、正念或冥想（續）

冥想（或內觀）就是利用一段時間（如五分鐘），將手邊事務放下，讓自己可以靜下來，將焦點放在呼吸或身體感受等，即便有一些想法會出現，就讓它過去，不要執著。這樣的靜思方式，已經有研究證明可以讓情緒穩定下來，也能增進專注力，甚至用在有情緒困擾者（如憂鬱與過動）身上，都有極佳的效果。

透過冥想或內觀的方式，可以協助我們與自己的知覺和感覺有更好的接觸，甚至可以抵銷厭惡或逃避所引發的效果。當意識到有想法飄過，是提醒我們要更專注在當下，而對於創傷或痛苦感受的覺察，不僅拓寬了覺察的廣度，也開啟了心智與身體更多新的可能性（Williams, et al.,2007/2010）。

將想法當作只是想法，去覺察它們，就是冥想。沉思冥想是我們創造情緒的方法中最安全的一種，在冥想與放鬆的過程中，我們透過身體的回饋而達到平靜，因為大腦會將規律的呼吸與放鬆的肌肉，解讀為有助於心靈平靜的情況（Evans, 2001/2005, pp.96-97）。當然，冥想也需要練習，才能成為自己的一種固有能力（Williams, et al.,2007/2010）。

可以的話，每天給自己一段固定的時間，或許是在就寢之前，找一個讓自己安適舒服的環境，安安靜靜地坐下來，先聚焦在自己的呼吸上，慢慢練習，在習慣養成之後，可以逐漸拓展到身體其他部位或全身。

血清素和多巴胺一樣，與我們的正面情緒有關。有效的靜坐或冥想之後，除了心境上較為平靜之外，對世界的看法也會較為正向。血清素在夜裡會代謝成為褪黑色素，能夠協助入眠（宋晏仁，2017, p.111）。睡眠品質佳者，當然不會有慣性疲憊，而且免疫力更佳！

周美麗與吳水丕（2012）針對國小三年級學童的靜坐做研究，參與者認為靜坐的好處有：記憶力變好、變專心（86.7%）；成績進步、頭腦變聰明、精神充沛、快樂、容易入睡（83.3%）；情緒平穩（73.3%）；學習速度加快（70.0%）；脾氣變好（66.7%）；創造新遊戲（63.3%）；做事認真、有恆心（56.7%）；寫字變漂亮、人緣變好（43.3%）；以及品行變好（40.0%）。

丹尼爾・高曼（Daniel Goleman，《EQ》作者）曾做過針對修行者的研究，也發現這些修行者的腦波與一般人不一樣，在情緒上的穩定性也有異，因而更肯定冥思／內觀對於心靈與情緒的效用，這也是東西方哲學的融合之處。讀者可參考市面上相關的一些書籍，做更深入了解。

小博士解說

不少國小教師在上課前，運用「冥思」方式讓學生可以靜下心來，準備上課，也發現有不錯的效果，因此冥思可以沉澱心情、增加專注力，也讓孩子養成自控力。

檢視自己可能的錯誤信念

完成以下句子十個：「我認為……」然後與另一位同學做探問與互動。如：

- 「我認為一切都應該儘量公平。」
- 「我認為女人當自強。」
- 「我認為不努力就不會成功。」
- 「我認為人是有選擇的。」
- 「我認為天下沒有白吃的午餐。」
- 「我認為……」
- 「我認為事情要試過了才做決定。」

 理性信念是

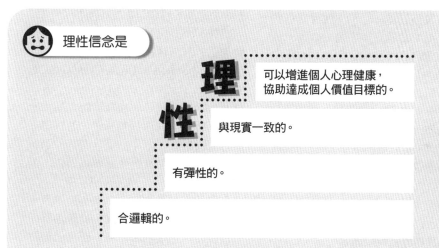

理性

可以增進個人心理健康，
協助達成個人價值目標的。

與現實一致的。

有彈性的。

合邏輯的。

✚ 知識補充站

　　正念減壓療法（mindfulness-based stress reduction）整合了用來了解心理與身體的不同方法，讓個體的負面想法與感受產生根本性的改變，其運用在壓力、疼痛與慢性疾病的處理上相當有效，也是一種「慈悲的覺察」（compassionate awareness）狀態（Williams, Teasdale, Segal, & Kabat-Zinn, 2007/2010）。

7-14 **自我照顧的面向與方式（續三）**

四、自我覺察週誌

書寫具有統整與療癒的功能，也有「自我對話」的意涵。因為書寫可以留「紀錄」，因此保持較為長久，也可以隨時翻閱，不僅可以見識到自己的成長，也可以有新的頓悟與體會產生。通常在書寫的當下就有情緒抒發的效果，我們也可運用這樣的方式，做工作或專業上的覺察與反省。當然，我們可針對日常生活中的特殊事件做覺察日誌或紀錄，不一定要像流水帳式的書寫。

撰寫「覺察日誌」，可以讓我們對於平日生活中所遭遇的人事物，做進一步反思與統整，諮商師教育者 Hazler 與 Kottler（1994）認為撰寫札記的幾個優勢，包括記錄自己所思所想（包括閱讀心得與領悟）、記錄自我成長（比如自我生活挑戰與因應、新觀念運用情形、做自我對話與未竟事業的完成）、技巧演練與理論印證等等。

邱珍琬（2002）在檢視學生覺察日誌時，發現有幾個重複出現的主題：人際（包括家人與親密關係）、自我、理論印證、諮商實務體會與生涯關切等。

五、保持彈性與適當變通 （包括創意）

雖然養成一些好習慣很重要，但也要有適度變通與彈性，有時不妨跳脫固定的習慣或方式，嘗試一些不一樣的方法或行為（如用左手寫字或洗澡），從事不一樣的生活方式或活動等。

許多習慣成了自動化反應之後，不僅讓自己不知變通，也會失去許多樂趣。這也與個人性格有關，像是不喜歡變化，或是怕麻煩。

在平常生活中可以打開感官，多去留意生活周遭的人事物，去體驗、感受與欣賞，像是聞空氣裡的花香或樹香，抬頭看看天際的星空與遠處，會有不同的感覺與想法，也讓自己走出限制。

此外，幽默也是創意的一種，可以轉變想法、舒緩情緒。幽默與玩笑可以減少抗拒（Lovaglia & Houser, 1996, cited in Shields, et al., 2007, p.73），但是也要顧及社會規範或禁忌。幽默與玩笑基本上是以雙方共同的理解為基礎，若只是一方的主觀認定「好玩」，另一方也許不苟同，這樣可能就會產生誤解或傷害，因此要謹慎使用。

在生活、行為與思考上，都可以有一些創發、偶而的意外之舉，或是走不同的路線回家，這些都是可以讓自己保持心靈活絡、不僵化的方式。試著讓自己在規劃或處理事務時，先去思考幾種不同的解決方式。當然，閱讀、與不同的人互動，也可以讓自己拓寬生活面向、增進見聞，與增加彈性及創意。

小博士解說

覺察日誌不需要每日記錄，只要有所感或啟發時，都可以撰寫下來，一來可以做省思之用，二來也可以將自己的想法與當時發生的事件記錄下來。許多的事件或想法經過記錄之後，有協助思考及療癒之效，還能成為自己的成長紀錄。

有關創意的幾個建議
（E. Paul Torrance, 2002, cited in Staton et al., 2007, p.68）

不要害怕去愛某個東西，同時努力追求。

找到偉大的老師或恩師，來協助你／妳。

知道、了解、引以為榮、練習、發展、開發與享受自己最佳的優勢。

學習讓自己從他人的期待中解脫出來，不理會他們強迫你／妳玩的遊戲，自己可以玩自己的遊戲。

不要試圖面面俱到，這只會徒然耗費精力！

做自己愛做的，也做得好。

學習與人互相依賴。

 創意四元素　創意是「人」與「環境」互動的「有意義結果」。

創意的主體，其認知特質、人格、情緒與成長過程的經驗均屬之。

指「如何」產出的過程，包括方法、不同組合，以及對已存知識的想法。

成果必須是有新意，且對大眾有益。

在哪種情境下的創意表現？阻力與助力為何？

人（person）　過程（process）

創意結果或成品（product）　環境壓力（environmental pressure）

 因應壓力的方式（鄭照順，2011, pp.122-124）

情緒解決	情緒宣洩。	⟷	問題解決	了解事實、檢討分析以思改進。
直接解決	找資源與解決方法。	⟷	間接解決	分析他人優勢、做好準備。
物質資源	音樂、按摩、香精、種植花草、旅行。	⟷	社會資源	好友、師長、諮商或諮詢、醫療協助等。
正面法	從事有益身心的活動、面對問題並試圖解決。	⟷	負面法	酗酒、藥物、欺騙等。
自我調節	將壓力源減輕、時間拉長、調整作息或學習方式。	⟷	情緒管理	如音樂、放鬆、認知、藝術。

7-15 **自我照顧的面向與方式（續四）**

六、找諮商師談談

有時候連自己都無法了解情緒從何而來，或是已經有情緒障礙或問題了，就應該善用專業的求助管道，去找諮商師聊聊，看專業人士的觀察與意見為何，千萬不要諱疾忌醫，反而耽誤了預後效果。許多人都是等掉到谷底，或是覺得無望了，才願意去求助，有時候真的太嚴重，要諮商師在短時間內達成效果，也是極困難的。

一般人對於求助他人會擔心社會汙名（他人怎麼看求助者），因此不願意去求助，甚至會擔心別人看見自己去求助，或是求助之後對自己的看法（自我汙名）。平常若是身體不適，我們會先用自己的方式讓不舒適或症狀減緩，但必要時還是得去看醫師，然而，若是因為心裡有事或問題未解，一般人對於求助於心理醫師或諮商師的意願，還是不高。

我們對自己的身體狀況較有「病識感」（知道自己生病了），對於心理疾病卻較少有病識感，主要可能是因為擔心別人怎麼看自己的壓力，或是對於心理疾病的痊癒抱持著質疑。

其實，有什麼心事或不敢對重要他人說的擔憂，都可以找諮商師談談，至少有人會仔細傾聽，也可從不同角度協助你／妳分析，或許事情就有轉圜之餘地。所謂「坐而言不如起而行」，對於專業助人的質疑，往往在試過一次之後就全然化解。

七、固定檢視自己的情緒或壓力狀態

若我們在乎自己的體重，就會每天測量，同樣地，若我們關切自己的身心健康與情緒狀態，也會做固定的檢視。自己的情緒如何，多多少少都可以感受到，雖然情緒難免有起伏，但是得看自己「微調」的方式如何，不要累積到太多時，才一併發洩或處理，這樣不僅效果不彰，也容易影響自己的人際關係與工作成效。

「微調」的主要目的就是做緩慢、小部分的處理，這樣的處理效果也較佳。「微調」需要有許多自律與習慣，自律就是知道自己需要做調整，習慣就是遭遇壓力或負面情緒時，先採用自己喜歡、慣用及有效的方式解決，同時要不斷研發有效的處置方式。心理學的阿德勒學派還發現了從自己的感受來看孩子的行為動機，藉此了解孩子，這也是一個很好自我檢視的方式。

小博士解說

各種壓力因應方式的成效不同，因此需要靠個人的創意研發更多不同的調適方式，有時候參考他人的經驗也是不錯的。不過，因應的方式還是要自己實地試驗，才會知道其功效如何。

自我面向與情緒覺察的關係

高 ← 情緒張力

次身分

核心自我

角色身分

低 → 情緒張力

低 ← 自我覺察程度

高 → 自我覺察程度

 情緒與壓力紓解方式

紓解方式	說明
發洩	只是暫時有效。
替代	要有建設性，如運動，要不然可能造成更大的挫敗感或問題（如嗑藥）。
轉移注意	不要專注在讓自己情緒困擾的事件上，如先去聽音樂、看電影或漫畫。
冥想	專注在自己當下的身體感受與思考上。
正向思考	從不同角度看事情，包含自我嘲諷與幽默。
問題解決取向	以解決問題為焦點，創發不同的解決方式。
重新架構	以不同觀點來看問題，可以轉換情緒（包括幽默感）。
其他	

 壓力另類療法（徐畢卿，2016, pp.257-265）

閱讀治療
讓讀者對自己、人生方向及相關議題產生新的見解。

音樂治療
運用不同音樂活動來刺激感官、撫慰心靈，進而改善、維持與促進身心靈之安適。

穴位按摩
在身體一定部位，以手指按壓方式，使身體產生痠、麻、重、脹的感覺以發揮療效。

芳香療法
運用芳香植物所萃取出來的精油，依照不同方式（按摩、浸泡、蒸氣吸入、薰香等），經由呼吸道、皮膚或口服吸收進體內，以達舒緩壓力、調理身體與養生保健的自然療法。

寵物治療
以動物為媒介，透過當事人與動物的互動，以提升或改善個人身心靈層面之治療效果。

7-16 **自我照顧的面向與方式（續五）**

八、改變信念或轉念

我們不斷地對自己解釋這個世界，而且往往是對這個解釋做出反應，而非對事實做出反應（Williams, et al., 2007/2010, p.208）。若是常用這些解釋，它就會成為我們的信念。要改變信念並不容易，除非有重大事件的影響，或者也可以是日積月累的功夫。「轉念」是換個方向思考，對一般人來說比較容易。在做信念的轉變之前，可以持續檢視自己的信念是否合理，是否切合實際情況，檢視改變的必要性。

我們的許多困擾都是來自於「非理性信念」，因此心理學的「理情行為治療學派」（REBT）提供一種方式來檢視我們自己的「非理性信念」（妨礙生活功能的想法），A（事件）發生並不一定會導致C（情緒與行為結果），可能是B（信念）從中作梗，只要拿出證據做有效的D（辯駁），就可能產生E（效果）和F（新的感受）。

理性認知會導向適應的情緒表現，相反地，非理性認知則會造成不適應（或適應不良）的情緒。所有適應的情緒都被視為有較高的功能價值，但恐懼與焦慮除外，或許是因為難以區辨之故（Spörrle & Welpe, 2006, p.311）。

九、找自己喜歡做的事或嗜好

找自己喜歡做的事或嗜好，是最容易紓壓的方式，但這些事最好不要有不良後遺症（如狂吃或攻擊行為），也不要有上癮或破壞健康的可能性（如嗑藥或抽菸）。找自己喜歡做的事還包含目前很流行的紓壓方式，像是去做按摩或洗溫泉、泡 SPA。

其實最簡單的抒壓方式就是換件事來做，也許是去洗把臉、看看窗外、泡杯茶，只要從原先的工作中抽離出來、喘息一下，或多或少都可達到一些調節的功能，倘若時間較多，就可規劃旅遊或旅行。當然，有時候適度的放空、不做什麼事，也是不錯的抒壓方式。

自己想做的事裡，也分主動、被動，自己主動付出努力的是主動，若是藉由他人來服務的項目則是被動。運動或活動若是自己主動，通常會產生腦內啡、讓自己心情愉快，因為動作而流汗，也有排除體內毒素的作用（中醫的說法），而泡溫泉或做 SPA 也可達排毒效果，端賴個人的財力與時間允許的程度而定。

總而言之，壓力抒解方式可以有：發洩（只是暫時有效）、替代（要有建設性，如運動）、轉移注意（如聽音樂、看電影）、冥想、正向思考（從不同角度看事情，包含自我解嘲與幽默）、重新架構（將「吵架」解釋為「你們很努力溝通」）、問題解決取向等等。隨著生命經驗與年紀的成長，我們學會更多智慧來調整不時出現的壓力，保持情緒的平穩與維持做事效率，也讓自己的生活更適意。

小博士 解說

壓力是指個人與環境的交互作用關係，而當此關係被個人評估為超出其能力資源或會危害其幸福感時，即為壓力（Folkman& Lazarus, 1985）。

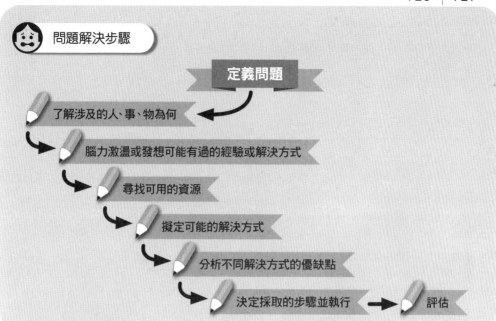

問題解決步驟

定義問題

了解涉及的人、事、物為何

腦力激盪或發想可能有過的經驗或解決方式

尋找可用的資源

擬定可能的解決方式

分析不同解決方式的優缺點

決定採取的步驟並執行 → 評估

有效運動（李明濱，1997, p.44）

強度 需達每人每分鐘最大心跳速率之 60%。
最大心跳率＝（220 －年齡）×60%。

頻率 每週運動至少三天。

持續度 至少需持續 15 分鐘左右，使心跳
率不低於最大心跳率之 60%。

家庭作業

① 記錄自己一週的情緒狀態，
可以曲線圖表示，並寫上與
引發情緒相關的重要事件。

② 用三分鐘寫下自己調
適壓力的有效方式，並
與另一人交換意見。

③ 訪問三位經常運動的
人士，詢問其運動對他
們的影響。

＋ 知識補充站

　　長期的挫敗感可能對腦中的海馬迴（學習與記憶功能）造成損害，甚至會出現「失憶」的現象，
像是創傷後壓力症候群、極重度憂鬱症者，都有失憶情況（Goleman, 2011/2013, p.112）。

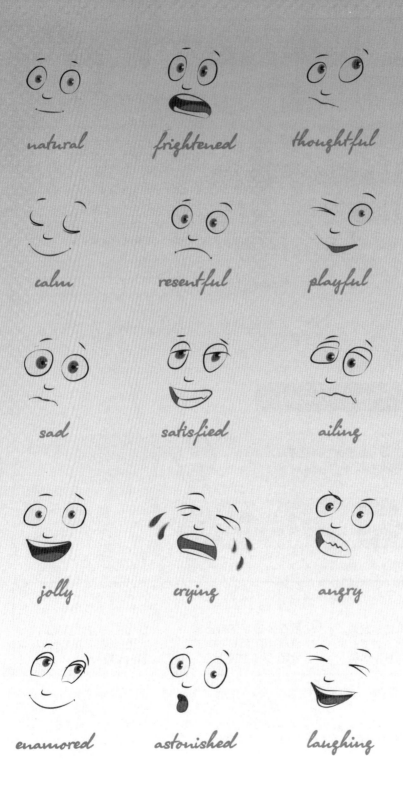

第8章
情緒智商與管理

學習目標：

人類有與生俱來的情緒，也會應用不同方式來製造情緒，以達到自己想要的目標。情緒管理技巧有哪些？改變情緒的藥物有哪些？在職場與親密關係中的情緒管理又該如何？本章將詳細解說。

8-1　情緒智商

8-2　人類運用不同方式來製造情緒

8-3　政治與群眾暴力、情緒管理

8-4　情緒管理

8-5　情緒管理技巧

8-6　情緒管理技巧（續一）

8-7　情緒管理技巧（續二）

8-8　改變情緒的藥物

8-9　改變情緒的藥物（續）

8-10 職場上的情緒管理

8-11 危險情緒與親密關係暴力

8-12 危險情緒與親密關係暴力（續）

8-13 寬恕與情緒健康

8-1 情緒智商

若事情不如我們預期,或是預期的事情沒有發生,都會擾亂我們的情緒(Reeve, 1997),因此如何因應與處理這些突如其來的情境,就考驗著我們的處世智慧與情緒智商。情緒是自我的一部分,我們需要對自己的情緒負責,因為他人不能左右我們的情緒,除非我們將所有權交出去(Pert, 1999/2011, p.381)。所謂的「情緒智商」(emotional intelligence)指的是了解自己與他人、與他人產生連繫、適應與因應當下的環境,其目的是增進個人處理周遭環境的能力(Bar-On, 1997, cited in Reissland, 2012, p.9)。情緒智商需要考量個人的認知能力、個性與情緒調節能力(Reissland, 2012, p.15)。

有人將情緒智商視為「社會智商」(social intelligence),顧名思義可以了解情緒與社會功能的關係。Mayer 等人(2000, cited in Cassady & Boseck, 2008, pp.7-8)將情緒智商分為:情緒感知、情緒統整、情緒了解與情緒管理四部分。

許多情緒困擾都是以不當的方式避開、逃離情緒所導致(Williams, et al., 2007/2010, p.155),若要處理困難的感受或記憶,需要去了解它們、容許其存在,不要試著驅離它們(Williams, et al., 2007/2010, p.196)。遭遇困境或不愉快事件時,我們會反覆思索(rumination),而當我們這麼做時,就困在不快樂的事實與原因、意義及結果當中(Williams, et al., 2007/2010, p.68),這與理情行為學派所說的「自我灌輸」非理性想法相似。

依據 Tracy 與 Robins(2008, cited in Reissland, 2012, p.11)的研究發現:我們對於情緒的認知是自動化的,而且只需要最低限度的認知資源即可,然而在認知與辨識情緒方面,仍受限於發展程度。即便是成年人,也需要考量情緒發生時的周遭脈絡條件,才可以辨識得更明確。這也說明了,情緒發生時的事件、環境、個人過去經驗與主觀解讀,是決定情緒的重要因素。看到一個人表現得很生氣的模樣,或許不知其為何有此情緒,因此需要將其所經歷的事件、過去經驗以及當下的情境等都考量在內,才有可能更正確地推論與判斷其情緒是否真的是生氣(可能是羞愧或失望,或是許多情緒的綜合)。

丹尼爾‧高曼(2011/2013)的情緒智商架構有五個元素,分別是:自我覺察、自我管理、社會認知、人際關係管理與對他人的正面影響。也就是說,情緒智商包含:了解我們的情緒、管理情緒、引發行動的動機、認可他人情緒,以及處理關係(Fineman, 2000, p.103)。

自我覺察是知道自己有情緒,也知道或區辨出是何種情緒。而自我管理是指進一步在適當場合表現出此情緒,或是適當紓解此情緒。社會認知則是知道情緒的社會功能,可以同理與了解他人的情緒。有了正確的社會認知,就會較清楚如何處理人際關係,以及人際互動中的許多動力狀況(如何維繫與增加正向人際關係、處理可能的衝突、表達自己的情緒與滿足需要等)。人際關係中的「對他人有正向影響」,包括可以同情與同理他人處境,願意付出關心及行動,或是激勵他人向上向善,將正向的關愛傳達或宣揚出去,彼此都可以互相為善及與人為善,創造更和諧美麗的社會。

情緒智商架構（Salovey, Bedell, Mayer & Detweiler, 2000, p.507）

架構	內涵
覺察、評估與表達	**有能力：** ★ 認出個體情緒上的生理與心理狀態。 ★ 認出他人的情緒狀態。 ★ 正確表達情緒與需求。 ★ 分辨適當與不適當、誠實與不誠實的情緒表達。
情緒引發的思考	**有能力：** ★ 依據與感受相關的物件、事件與人物，重新導向及列出優先順序。 ★ 引出鮮明情緒以催化判斷與記憶。 ★ 評估情緒的改變有多元觀點，並做整合。 ★ 利用情緒狀態催化問題解決與創意。
了解與分析情緒資訊 （運用情緒能力）	**有能力：** ★ 了解不同情緒的關連。 ★ 覺察感受的因果關係。 ★ 解讀複雜情緒，像是矛盾感受。 ★ 了解與預測情緒的轉換。
情緒管理	**有能力：** ★ 開放感受（正、負面）。 ★ 監控與反思感受。 ★ 依據判斷過的訊息或功能，介入、延長或離開一種情緒狀態。 ★ 管理自我與他人情緒。

 全方位的情緒智商

培養多樣化興趣，並從事正當休閒活動。

接納自己的情緒狀態。

培養自信、樂觀及彈性的性格。

給予自己的情緒宣洩空間與時間。

勇於面對問題，學習解決策略。

暫時離開引發情緒的環境。

調整認知的分析與歸因。

學習生理上的調適。

建立有效的社會支持網絡。

8-2 人類運用不同方式來製造情緒

情緒不只是大腦與認知的功能之一，人類也不是被動接受情緒或受情緒之影響，因為人類不僅可以解讀不同情境、產生不同情緒，同時還可以製造情緒。人類的祖先第一個用來製造情緒的方法是語言（Evans, 2001/2005, p.75），我們運用憐憫和勸告的文字來撫慰彼此，用說故事與笑話來鼓勵及娛樂自己和他人，也使用語言來發洩情緒。情緒的壓力也可以透過不同方式做釋放，像是談話與寫作、神經官能症狀與藝術創作等（Evans, 2001/2005, pp.81-82）。

此外，我們也學會運用不同色彩來製造情緒，像是以鮮豔色彩刺激視覺系統，而色彩是以其對情緒的影響來「間接」左右我們的情緒。研究發現，只要一小塊色彩，就可以引發自閉症者的恐慌感受；處在紅色房間裡，會讓我們變得急躁，而暴露在紅光下則會血壓升高；深藍色或綠色有助於平息躁動的情緒。色彩調配與單一色彩的影響力，更是因人而異（Evans, 2001/2005, pp.85-86）。也因此，我們可以適當在自己的生活周遭使用色彩，藉以調節情緒。

音樂也可以製造不同情緒，研究發現，當人常處在噪音或令人不悅的聲音底下，身心健康會受到負面影響。藝術與音樂是我們最重要的產生情緒方式。另外不同氣味也有同樣的功效，我們聞到有毒或噁心氣體會避開，而以精油進行的芳香療法也有療癒心靈的功效（Evans, 2001/2005, p.88）。

觸覺也會影響情緒，嬰兒與老人在適當撫觸下會有較佳的健康，而動物互相梳理毛髮，也會讓腦內產生「腦內啡」，讓個體呈現輕鬆自在的放鬆狀態。味覺對於情緒的功效，最重要的就是烹飪了，味覺產生情緒的方式是刺激味蕾或更下游的消化過程，並促發化學反應來產生愉悅的情緒，如巧克力或含咖啡因的食物及飲料，然其功效短暫（Evans, 2001/2005, pp.88-91）。這也可以說明為何人類會發明其他藥物讓自己的情緒持續快樂或興奮，甚至上癮的原因。

身體的活動或動作，也會引發不同的情緒，像是跑一小段路或跳舞就能引發愉快的情緒，表情的改變亦同；利用瑜珈或生理回饋方式，可以做到相當程度的意識控制、改變情緒。而進一步將這些活動（如音樂、舞蹈、詩文、繪畫等）整合在一起（如歌劇），所引發的稱之為「複合感覺」（Evans, 2001/2005, p.97 & p.100）。

我們人類會製造不同情緒，其主要目的還是希望可以減緩負面情緒的壓力與不快，進而創造正面情緒讓自己好過或更專注。當然，有心人士以製造情緒的方式來達其目的，也所在多有。可見擁有高情緒智商、不被輕易妥弄或激起，也是情緒管理的目的之一。

小博士解說

心理學家發現，人處於紅色環境中，會脈搏加快、血壓升高，情緒則是興奮衝動；若處在藍色環境中，則脈搏減緩，情緒也較沉靜。科學家發現，顏色也能影響人的腦部電波，腦部電波顯示對紅色反應是警覺，對藍色的反應是放鬆，因此有時候只要閉眼想像眼前的顏色為何，也可以調整情緒狀態。

色彩的分類與心理感受

冷暖感
（又稱「色性」）

紅、黃、橙等色相給人的視覺刺激強，讓人聯想到太陽、火光，感到溫暖，所以稱為「暖色」。綠色、藍色讓人聯想到樹木、天空，感到寒冷，所以稱為「冷色」。

興奮感與沉靜感

明度高、純度高的色調，又屬偏紅、橙的暖色系，都讓人有興奮感；而明度低、純度低，屬偏藍、青的冷色系，具有沉靜感。

膨脹感與收縮感

同一面積、背景的物體，由於色彩不同，給人的視覺效果亦不同。色彩明度高的，看起來面積大些，有膨脹的感覺；而明度低的色彩看起來面積小，有收縮的感覺。

前進感與後退感

暖和亮的顏色給人前進的感覺；冷和暗的顏色給人後退的感覺。

輕重感

高明度的色彩給人輕盈的感覺；低明度的色彩給人沉重的感覺。

 不同顏色與情緒感受舉隅

白色 乾淨、純樸

黑色 神祕、靜謐、肅靜

深藍 謹慎、慎重、嚴肅

淺藍 輕鬆、開放、活潑

紅色 熱情、興奮、歡樂

粉紅 可愛、天真

橘色 華麗、健康、溫暖

黃色 智慧、神祕、莊嚴

深綠 舒服、安靜、自然

紫色 高貴、優雅、深不可測

8-3 **政治與群眾暴力、情緒管理**

政治與群眾暴力

既然人類有製造情緒的能力，可知情緒如兩面刃，善用情緒可以有建設性功能，誤用情緒則會導致不可收拾的結果。小則像是一時情緒衝動下，釀成不可收拾的局面（如吵架、情殺），大如恐怖攻擊、球場暴動等屢見不鮮。民主國家也常見到鼓動群眾情緒（如選舉）的現象，許多政治人物常常在競選期間訴諸情緒，鼓動民眾的氣憤或對立情緒，以贏得選票，許多民眾也會在激情之下受到慫恿，而做了決定。革命家會運用群眾的情緒來獲得政權及利益，一般社會民眾也會基於憤慨之情挺身而出，主持正義或是反對（或促使成立）某些特定政策或人物。可見情緒可以催促我們做對或錯的事，而其與理智或認知還是有關聯的。

情緒傳染是指因為暴露在他人情緒表現前，因此情緒上會傾向於與他人聚集在一起，也就是當觀察到他人的情緒時，他人的情緒會影響個人的情緒狀態與接下來的行為（Hatfield, Cacioppo, & Rapson, 1994, Levy & Nail, 1993, cited in McColl-Kennedy & Smith, 2006, p.255），有時候甚至可以引發集體的歇斯底里，群眾暴力就是一例。

情緒管理

「情緒管理」是指人們努力去增加、維持或減少情緒的一或多個面向（Gross, 1999, cited in Côté, Miners & Moon, 2006, p.2），也有人稱之為「情緒控制」，但是前者較被廣泛使用，因為較中性且不強制，也較能顯現出是一種「能力」。

處理與表達情緒的因應方式，在個體面對壓力情境時非常有幫助（Elissa, Boseck, & Cassady, 2008, p.218），有「韌性」的人會以其他因應策略來引發正面情緒，以調整負面情境（Tugade & Fredrickson, 2008, p.152）。情緒管理包括覺察自我與形塑自我的情緒想法及行為，因應策略有自我對話、計畫與問題解決（Chang, 2008, p.37）。

情緒管理還有一個重要面向是：培養挫折忍受力。現代人較自我中心，可能是少子化及電腦科技發達之故，比較少培養與人合作的能力，也較不能忍受挫折（如「草莓族」、「水蜜桃族」）。畢竟現實生活不像虛擬世界那樣，許多事可以「重來」，因此許多人會因為事情結果不如己意，或是發展方向非自己當初所期待，容易遇到困難就縮回去，或是逃避。這樣不能忍受失敗、未能自失敗中學習，反而會錯失了許多養成能力的寶貴機會！

一個人的情緒智商，與個人的氣質或個性、個人與父母的互動經驗及學習有關。家長若想教養出有高情緒智商的孩子，首先要了解自己處理情緒的方式為何，接著思考自己與孩子因此受到什麼影響（Gottman & Declaire, 1997/2015, p.96）。

小博士解說

群眾暴力（Tyranny of the majority），又稱為「多數暴力」，是民主制度及「少數遵從多數」制度的一個本質上的缺點，用於批評由多數人做完全決定的制度，認為在該制度中將多數人的利益絕對置於少數人之上，使得少數人喪失了受尊重權（維基百科），網路上所謂的「鄉民正義」也是其一。

情緒智商管理模式

（**Matthews, Zeidner, & Roberts, 2002, cited in Cassady & Boseck, 2008, p.11**）

- 情緒如同資料，可做為個體了解情境或引用先前資料之用。

- 情緒如同偏差的刺激，可改變我們對於其他資訊的解讀。

- 情緒如同個體執行控制的訊號，可引發適當的認知或情緒機制，協助個體形成適當的目標行為。

- 情緒如同適應功能，可引導個體解決問題或做決定。

情緒智商與左右腦的關係
（大島清，2009，鄭照順，2010，引自鄭照順，2011, pp.144-145）

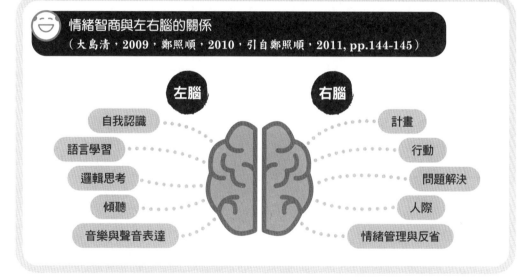

左腦：自我認識、語言學習、邏輯思考、傾聽、音樂與聲音表達

右腦：計畫、行動、問題解決、人際、情緒管理與反省

情緒智商的五大能力（楊俐容編著，2015, p.3）

1 了解自己的情緒　2 妥善管理自己的情緒　3 了解他人

4 妥善處理人際關係　5 自我激勵

＋ 知識補充站

　　心理學的認知學派認為，痛苦的情緒不是由事件所引起，而是因為個人解讀該事件所引起，因此若能修正一些非理性的信念（解讀），就可以找到原因，並做適當解決。

8-4 情緒管理

　　人生活在人群中，有與他人互動的需求，其中的基本需求是（Turner, 2007, p.102）：一、需要自我認可；二、需要有利益的交換；三、需要被團體包含在內（隸屬於團體）；四、需要被信任；五、需要與他人一樣。

　　因為需要與他人互動，我們就必須要培養這方面的能力，不可以想做什麼就做什麼、心情隨意發洩，而是要同時顧及他人的感受或利益，也會顧慮他人對自己的看法。就社會文化層面，有所謂的「情緒表達規則」約束，而在個人方面，就需要有管理情緒的智慧及能力。

　　一般說來，影響情緒的主觀因素包括個體所想為何（對事件或相關人士的解讀），以及與當時情境有關的個人目標、判斷和期待等，正面情緒可以讓個體看見更多可能性、願意去探索與玩耍，讓問題解決更具效率與周全（Isen, 2000, p.431）。倘若無法有效地管理情緒，可能就會產生情緒偏差的問題，也就是情緒反應與特定情境所期待的不同，通常在持續壓力下或缺乏社會支持時，會出現這些情況。此外，若個體同時擔任多重角色、在邊緣文化情況下、角色轉換，或需要堅持傳統或僵化角色或儀式時，也會出現情緒暴走的情況（Thoits, 1990, cited in Peterson, 2007, p.126）。

　　現今打開電視，新聞中充斥著情緒暴走事件，不是恐怖攻擊、霸凌事件、行車糾紛、情感或分手失和，就是在藥物影響下的失序行為，讓許多閱聽大眾無形中感受到生活環境的不安全與焦慮。

以心理學家馬斯洛的「需求層次論」來說，連最底層的「生存與安全」都受到威脅，人又如何安身立命？

　　情緒的穩定性也是個人在生活、與他人關係及職場上，不可或缺的要件。情緒的穩定除了能讓人在重要關頭不會驚慌失措之外，也是獲得他人信任及仰賴的要素。倘若共事者、一起相處或生活的人，像不定時炸彈或沉默的魚，讓人摸不清頭緒，此人在生活中的諸多面向也很難如意。情緒穩定並不是說個人不表現其情緒，而是在多半時候其情緒是可以預測的，也願意在適當時機表現該有的情緒，畢竟情緒的表現有其建設性功能，若能充分發揮情緒的功能，自然也能利己利人。

　　情緒的穩定與挫折忍受力相關，若是挫折忍受力太低，小小一個刺激或事件，就可能引發不可收拾的暴怒或殺機，個人自身安危與社稷安全也都會受到影響。因此，適當的情緒管理不啻為個人私己之要務，也是安定社會的重要因素。

　　既然我們會以語言、色彩、音樂等方式製造情緒，相對地也可以藉由這些方式來調整或紓解情緒。像是莫札特的〈小夜曲〉可以讓聽者產生正面情緒，不同的人喜愛的音樂或詞曲不同，也都有抒發情緒的功能。當然，人類也發明了一些改變情緒的藥物，有些是治療之用，但有些卻變相成為暫時解脫或成癮的藥物。本章會就情緒智商與情緒管理做更翔實的說明。

面對霸凌行為的因應方式（家長部分）

（Eilliott, 1997/1998: 48-49）

- 鼓勵孩子說出心裡的感受。

- 減少孩子受到抨擊的原因，如流鼻水、身上的味道。

- 建立孩子的自信，如多鼓勵、少責備、給孩子足夠的愛。

- 教導孩子如何因應他人的譏笑，如深呼吸、不理會、走開、幽默回應、自信肯定的姿勢、謝謝對方指教、與自己的朋友在一起等。

- 列出「該說什麼」的明細表。

- 與孩子做角色扮演，教會他／她一些因應的技巧，包括用自信的眼神看著對方。

- 將情緒表達出來，像是用說的、畫的、寫的、唱的，或表現出來的。

協助孩子控制情緒的重點（Shapiro, 1997/1998, p.274）

自我反省　延後享樂　協助孩子控制情緒的重點　規劃　注意他人的感覺

情緒管理的面向（Frias-Armenta, et al., 2012, p.153）

情緒修正策略。

與個體欲達目標及環境要求有關。

是人際間的現象。

與脈絡相關，不同環境也表示不同的情緒挑戰。

增強、解除或轉化情緒反應，以因應社會需求。

情緒管理的面向

＋ 知識補充站

「情緒管理」是指一個人運用情緒經驗來調適自己的功能，涉及情緒控制與因應策略，用以修正情緒反應，而不良情緒管理是指情緒運用與表達的缺損（Frias-Armenta, Borrani, Valdez, Tirado, & Jiménez, 2012, p.153）。

8-5 情緒管理技巧

對於自我情緒的認識與了解，以及進一步的抒發與管理，也是自我照顧的項目之一。情緒管理得當的人，通常也是較具情緒智商的人，有較佳的挫折忍受力，較有成就。情緒管理方式因人而異，是否有效得要個體親自去試過、練習之後，才能知道；也不要僅以若干有限的方式處理情緒，或是隱忍到受不了才處理，這容易讓人際關係受到傷害，也較易產生身心方面的疾病。以下所列出的只是少數，個人可以去開發不同的活動或方式。

倘若以個體的角色為基礎（如員工），其情緒管理會聚焦在情境與行為策略上，然而若是以團體（如家庭）為基礎時，較容易使用認知與表達的策略。當然也要將個體的性格考量在內，像是任務導向者會傾向於以情緒及行為聚焦的方式處理（Tsushima, 2001, cited in Peterson, 2007, p.126）。還有暫時逃避或轉移，像是讓自己走出該情境、做其他事來分心，幽默或自嘲也是有些人會採用的方式。

許多情緒管理技巧與調節壓力是相關的，因為壓力會影響情緒，讀者可以對照參考。

一、運動有益身心與情緒健康

平日保持身心健康，情緒自然較為穩定、愉悅，而固定的運動能讓身體筋骨肌肉保持彈性、健壯，同時運動時腦內天然會產生一種天然的「嗎啡」（腦內啡），讓個體覺得輕鬆愉快、不會陷入情緒低潮。

運動也是休閒活動的一種，可以讓我們打發無聊時間，甚至可以與志同道合者一起運動、聊天、建立有意義的關係，感覺不孤單、生命有質感。

二、適當的休閒活動

適當的休閒活動或嗜好，可以讓人用來利用及打發時間，做自己喜歡從事的活動或培養能力，與同好一起分享或交換心得，與他人有較深度的互動、建立支持網絡等等功效。休閒活動或嗜好中，有些是獨自一個人可以做的，有些則需要與夥伴們一起或分工，得視個人性格與喜好而定。

「適當」的休閒活動指的是不會占用太多時間，或妨礙日常生活與工作，也不會因此而花費甚多，甚至傾家蕩產。

May（1953, p.96）特別提到「歡樂」（joy）是人生目標之一，它的出現是在我們實現了個人的特性所伴隨而來的感受，也就是我們經驗到了自己的價值與尊嚴，肯定自己存在的目的。

三、建立有意義的人際支持網絡

人不能自外於群體，因此建立自己想要的、有意義的人際關係，是相當重要的。一來可以緩解存在的孤單感，二來有人支持與協助，在平時可以互動聯絡、增加生活樂趣，而在有需要時，有人願意傾聽與陪伴，甚至協助出力或好點子。

有意義的人際關係是可以互助、感覺自在，甚至是一起成長的，當然好友相聚，有人願意傾聽，也是抒解情緒的便捷之道。

情緒管理原則

要覺察與認出自己的情緒，因為需要了解自己的狀態才能做處理。

定時整理自己的負面情緒，不要積壓。

運用建設性方式處理情緒，以「不傷害」為原則。

學習自我肯定與自我評估，不因他人的批判而患得患失。

尋求社會（或人際）支持與資源（包括求助）。

 運動的效益（Curtis, 2000/2002, pp.121-125）

身體效益

★ 增加肌肉強度　★ 增加肌肉耐力
★ 增加柔韌性　★ 強健心臟與呼吸
★ 預防冠狀動脈心臟疾病
★ 改善高密度脂蛋白質（HDL）對低密度脂蛋白質（LDL）的比率
★ 預防某些癌症　★ 預防骨質密度的流失
★ 控制糖尿病　★ 預防中風或腦溢血

★ 減少憂鬱　★ 降低焦慮
★ 可為壓力提供緩衝
★ 增進自尊　★ 增進幸福感

心理效益

 休閒活動之種類與功效（高毓秀，2016, pp.219-220）

體能性　獲得休息、放鬆。

知識性　促進家庭與社會和諧。

娛樂性　協助個人恢復體力與精神。
協助個人解除煩悶及減低情緒上之緊張。

藝術性　增進自我充實感。

服務性　增進個人身體、心理、社會、精神及情緒等層面之均衡狀態。

＋ 知識補充站

　「自我灌輸」是指個人傾向於將一些不理性的想法持續操作及說服自己。像是只要一做錯事就罵自己：「笨蛋！什麼都不會！」久而久之，自己彷彿被催眠了，也自認為是無可救藥的笨蛋。

8-6 情緒管理技巧（續一）

四、有效的問題解決能力與技巧

當我們遭遇問題時，第一個出現的可能是情緒或壓力感，倘若情緒會阻礙問題之解決，可能就需要先處理情緒，而當情緒抒發完後，我們通常還是要去面對問題，因此解決問題的能力就很重要。求助也是解決問題的方式，長久的情緒低落會造成血液裡的血清素濃度降低，同時需要藥物與諮商（根本問題之解決）的協助，切勿輕忽。

五、有效溝通能力

自己的想法若不能傳達或是讓他人了解，會讓人有很大的挫敗感，即便行動力很強，也需要有很好的溝通能力，才容易讓他人了解，或取得合作。年幼孩子的語言發展未臻成熟，往往無法正確表達自己的所想與所感，最後只好用行動，如嬰兒的哭鬧、孩子鬧脾氣，或是出現不適應行為等，來表達自己。加上要與他人建立有意義的關係，就會需要有效溝通。

「同理心」是有效溝通的要件，有同理心的人通常人際關係較佳，也較能容納不同。「同理」就是可以感同身受、了解他人的感受，當對方知道我們懂他／她的感受時，才會進一步願意敞開心胸、聽聽我們的意見。所有的線索，包括語氣、說話內容、表情、眼神、姿勢、場所、過去經驗等，都是溝通線索。有時候這些外在線索比語言所呈現的內容還重要，而通常「怎麼說」是更為關鍵的。此外，溝通有不同方式與管道，除了語言之外，書寫、肢體動作、繪畫、音樂等，都是可以使用的管道，不要只是以「說」來進行。

（一）「我訊息」（I message）的使用

每個人都有表達自己情緒的權利與需要，但是表達情緒的同時也很容易衝動、不經考慮，這樣就可能傷害到彼此的關係。「我訊息」是表達自己情緒，同時顧及關係的一種技巧。因為當我們以「你／妳」字開頭時，對方就會先產生防禦之心，並假定你／妳要攻擊或教訓他／她，因此不妨多用「我訊息」來表達自己的感受，但不含批判對方之意。

（二）破唱片法

若要表達自己的意見，有時候意見不被聽見或是被敷衍，就會有許多負面情緒產生，甚至會因為沒有被聽見而沮喪，因此可以練習「破唱片法」，堅持自己的立場，同時也回應對方所說。這樣的做法不只是認可到對方所要表達的，同時也堅持自己的立場、以達目標。

小博士解說

「迷走神經」調整心跳與其他重要臟器功能，同時在我們感到憂傷時扮演安定身心的重要角色。「慈悲心」的訓練可以提高迷走神經張力，也就是提升身體自我動員以因應挑戰並迅速復原的能力（Goleman, 2011/2013, pp.84-85）。

「我訊息」示例

（而不是說「你讓我嚇一跳！」）

剛剛我被關門聲嚇了一跳！

我不是故意的。

碰

我知道。

下一次關門時，我會小心。

謝謝你。

 「破唱片法」示例

老闆，我今年有沒有可能**加薪**？

今年因為一例一休，我們人事成本已經增加很多了。

1

老闆，人事成本增加讓你少賺很多，我也能共體時艱，只因為有幾年沒加薪了，物價又漲，希望今年可以多少**加一點薪水**。

2

我知道老闆的心意，我也很感激你讓我們有工作可撐家計，即使你只是**加我個幾百元**，我也好向家裡交代。

很多同行都關門了，我還在撐，就是因為要讓多一點人有工作。

3

＋ 知識補充站

　　大腦的顳葉皮質一向被認為與情緒障礙有關聯，只是細節尚不清楚。右顳葉被割除的病人，疑心病重、好發脾氣、自我中心，也過分重視細節（梅錦榮，1991，pp.130-131）。

8-7 情緒管理技巧（續二）

六、發展並使用有效的情緒抒發方式

若有適當休閒活動，像是閱讀、運動、當義工、做手工藝、參與團隊活動、登山健走、加入讀書會等，除了可以排遣時間、增加與他人互動機會，對於情緒的抒發也很有幫助，至少可以做些其他事情來轉移注意力，倘若有一些同好或同儕一起參與，會讓自己更想參與。

所謂的「有效」抒發方式，就是可以排解情緒，讓人重新有活力站起來，而這些方式是有「建設性」的，甚至是利己也利人，而不是傷害自己（如嗑藥或打架）或他人。

從事嗜好與休閒活動時，要量力、量時而為，「過」與「不及」都不好，例如方城之戰可以防失智、聊天解無聊，但是若變成賭博或妨礙了日常生活及人際關係，就是上癮行為，是有害的。

可以列出適合自己的、有效的情緒抒發方式，至少列出五、六種，在情緒極端不佳時，可以依序使用，不至於手足無措。此外，也可以開發其他的不同方式做為自己備用的「資料庫」。像是焦慮時就做家事，讓自己轉移注意力，或許在輕鬆的氛圍下，可以思考出不錯的解決之道；也有人一旦在思考複雜問題時，就動手變化家具的擺飾，轉換一下視野與心情。

許多人習慣以家人為情緒發洩的對象，甚至理所當然地認為家人應該承受其情緒，殊不知這樣的方式不僅容易破壞關係，也沒有進一步學習建設性的抒發方式。

憂鬱情緒與壓力會造成記憶喪失；良好、有意義的人際關係，則會舒緩憂鬱情緒；運動可以抒解壓力、轉換情緒（產生腦內啡），而人際關係是心理健康的指標，因此要特別留意情緒引發的人際問題。

情緒與壓力管理方式要多元，不能只是仰賴其中一種，有效就繼續使用，若是無效就需要另外思考其他方法。有時只是簡單的一個動作或習慣，效果也很驚人，像是每天在清晨或傍晚時靜坐或冥想，持之以恆，可以讓心身舒暢無比（Pert, 1999/2011, p.381）！

七、採用適當語言文字及色彩來調節情緒

「重新架構」是緩和怒氣的利器之一（Magnuson & Norem, 2015/2015, p.81），幽默或思想轉個彎，也是「重新架構」的具體運用。像是將氣憤的情緒以不同的思考來轉圜（通常是以「正向」的方式），例如：「他罵的不是我的缺點，我不必對號入座。」、「他很努力要與我溝通，要不然他不會一試再試。」

前面提過我們人類可藉由色彩來製造情緒，也最早發現語言與音樂可製造情緒（Evans, 2001/2005），因此管理情緒的技巧也可將此兩項納入。我們用語言文字及音樂來安撫、鼓勵與發洩情緒，同時將周遭硬體環境及設備做很好的色彩調配，來讓我們的情緒平穩、安定下來。一般說來，我們也會以不同色彩來表達情緒或情感，如鮮紅色是熱情，淡藍是輕鬆自在，紫色是高貴神祕，綠色或深藍讓人平靜，因此想像顏色也可平穩情緒。

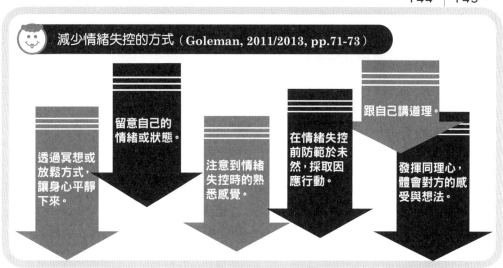

減少情緒失控的方式（Goleman, 2011/2013, pp.71-73）

透過冥想或放鬆方式，讓身心平靜下來。

留意自己的情緒或狀態。

注意到情緒失控時的熟悉感覺。

在情緒失控前防範於未然，採取因應行動。

跟自己講道理。

發揮同理心，體會對方的感受與想法。

生氣時的表達方式（徐大偉整理，引自賴俐雯、金瑞芝，2011, p.49）

語言表達

放在心上不表達

動作表達

間接表達

控制生氣情緒

基本的非理性想法或信念，主要有三種（Dryden & Gordon, 1990/1998, pp.13-14）

倘若不能夠滿足這些需求，就會有許多負面情緒或痛苦。

必須有很強的能力或被喜愛。

他人必須公平對待我。

我要快樂。

＋ 知識補充站

「動機」與「情緒」的拉丁字源都是「行動」，表示它們都是促使行動產生的重要動力源。

8-8 改變情緒的藥物

從有人類以來，人類發明了一些可以改變心情的藥物，主要是讓自己的情緒提升、飄飄然或是無感，但是這些藥物都有成癮的危險性。西元前四千年，人類就發現了「罌粟」這個植物，後來用在醫療上。這些改變情緒的藥物幾乎無所不在，歐洲與美國近年來還把大麻合法化，成為巷口藥局就可以販售的藥品，而國內某些法界人員也在思考要讓嗑藥除罪化，其影響更令人堪慮。

大部分娛樂之用的藥物，對於加強情緒的效果是暫時的，然而當情緒興奮達最高點時，明顯的情緒低落便會發生，若是個體希望延長藥物的效用，或是逃避藥物效果消失後的情緒低落狀態，就容易有吸毒成癮的可怕後果。以古柯鹼為例，長期吸食會造成鼻竇炎、流鼻血、鼻中膈穿孔，最後造成心臟病、中風與精神疾病（Evans, 2001/2005, pp.93-94）。一旦社會上用藥的人口增加，必定會嚴厲斲喪生產力，也需要花更多的社會成本，如勒戒、犯罪與心理疾患增加、入獄、家庭破碎等等。這些藥物一旦使用之後，許多人可能馬上就上癮，也就是藥物已經對腦部產生影響，使得腦部渴望這個藥物，而且所需要量會越來越多，才能夠達到原來的效果。

在這一章，特別將改變情緒的藥物列入，是因為現代人生活在數位科技時代，許多事情或工作變得非常便利，但也因為便利，可能讓一般人失去了生命的目標及意義，有時候甚至不知道要怎麼打發時間，因此產生了更多情緒上的障礙或問題，需要「藉由」藥物來立刻緩解，但是這樣的選擇通常是錯誤的。本章會將幾個常被使用的情緒改變藥物，做一些統整及介紹，也將它的嚴重後果明確臚列出來。

一、酒精

酒精的功能類似鎮靜劑，一般社會大眾較容易接受喝酒助興的觀念，對於酒精的使用態度也較為寬容，然而酒精的危險在於它並非在長期使用之下才會釀禍，而是只要喝一次就可能造成極嚴重的後果（如酒駕肇事）。酒精不能混合其他鎮靜劑使用，因為會讓藥效成倍數增加，造成意外死亡，然而酒精卻是一般民眾公認為較不重要的「藥物」之一，因為它有舒緩情緒的功效。

在性行為之前或進行中使用酒精，對於無保護的性行為是最危險的（Cooper, 2002），可能會造成無預期的懷孕以及性病（包括 HIV）。在 2009 年 YRBSS（Youth Risk Behavior Surveillance System）的資料，有將近五分之一（21.6%）的學生，在最近進行性交之前使用酒精或藥物壯膽或助興。

大量飲酒與酒精濫用有關，在短時間內攝取大量的酒精（如兩小時內喝下四、五杯，血液酒精濃度達 0.08% 或以上），容易造成日後的酒精上癮行為。美國疾管署（CDC, 2011）的資料顯示，大量飲酒與許多健康問題有關，從不小心受傷、神經受損、性功能失常，到肝部疾病等（引自 Moritsugu, Vera, Wong, & Duffy, 2016）。

「問題使用者」的定義

（引自 Moritsugu, et al 整理, 2016）

符合以下「依賴和重度使用」標準的其中之一

- 未能夠減少使用量。　● 減少工作生產力。

- 在過去一個月內使用藥物，而且情緒低落、好爭論、焦慮，或是惱怒、覺得被孤立，有健康方面的問題，及（或）清晰思考的困難。

- 需要更大量的使用。　● 經歷戒斷症狀。

可改變情緒的藥物

（Levine, 1982, cited in Carlson & Hatfield, 1992, pp.333-334）

酒精	感覺良好，狂喜，放鬆，想睡。
安非他命	感覺良好，提升情緒，增加心智清晰度，緩和疲憊感。
咖啡因	增加心智清晰度，緩和疲憊感。
古柯鹼	有自信，無痛覺，瞳孔放大，呼吸心跳及體溫升高，口乾。
吸入物（如汽油、清潔劑、油漆、強力膠等）	壓抑中樞神經系統，有飄浮感，說話不清楚，有視覺或聽力的幻覺。
大麻	難專心，困惑，時間與空間扭曲，對音樂與色彩敏銳度增加。
尼古丁	心跳、血壓、新陳代謝加快。
鴉片（如嗎啡、海洛因）	與環境隔離，飄飄然。

理情行為治療學派檢視自己的非理性信念（妨礙生活功能者）

A 事件　→　B 信念　→　C 情緒與行為結果

D 辯駁　→　E 效果　→　F 新的感受

8-9 改變情緒的藥物（續）

二、藥物濫用

新聞媒體上出現越來越多藥物濫用的事件，甚至致死（如臺北 W-Hotel 一案）的消息，在藥物影響下駕駛交通工具，其禍害不比酒駕肇事要小，但我們的法院竟然對此有超乎意想的判決（駕車肇事與使用藥物無關，因此無罪），也的確令人扼腕！

藥物濫用已經是目前全球性的議題，從歐洲到美洲，許多國家開始將大麻商品化，加上製造與販賣毒品是一本萬利的「生意」，隨著科技時代人們心靈上的空虛與無聊，致使藥物濫用更是無所不在。這不僅是對於身心健康的極大隱憂，也對經濟生產力與人類未來有莫大衝擊！

根據「世界衛生組織」（2010）的統計：全世界至少有一千五百三十萬人有藥物使用的問題。根據 YRBSS 的調查：美國學生至少使用過大麻、古柯鹼（包括粉末或快克，與精鍊的古柯鹼）、非法的注射藥物、非法的類固醇、吸入劑、迷幻藥（包括 LSD、PCP 或天使塵與迷幻蘑菇等）、海洛因、安非他命以及快樂丸，比例從 2.5% 到 36.8% 不等，而且不同藥物的使用還有性別與族裔的差異。

非醫師處方的藥物使用，也是目前最需要注意的趨勢，就如同之前國防部發現官兵有嗑藥之虞，後來調查的結果「竟然」是服用感冒藥的「可待因」之故，當然很難讓人信服，但是也因此突顯了目前世界嗑藥人口的遽增與可慮！

現今，醫師處方的藥物比較容易取得，依照美國全國性的統計，有兩成的學生在沒有醫師的處方下服用過處方藥一次以上。心理治療處方藥（包括安非他命、鎮定劑及海洛因以外的尼古丁）的誤用，在最近幾年一直是美國重要藥物問題的一部分。導致處方藥問題使用者的相關危險成因有：身為女性、身體健康不好或尚可、每天喝酒，其他的因素像是婚姻狀況、教育程度、工作與否，以及收入，也與個人使用治療藥物的類別有特殊關聯（引自 Moritsugu, et al, 2016）。

目前的藥物濫用還包括更嚴重的「內容」問題，也就是所謂的「新興毒品」。許多製毒者為了提升藥效，而將多種藥物摻雜在一起，連他們自己都不清楚究竟放進了哪些藥物，致使許多吸食者在不知情的情況下吸食過量，或是身體無法負荷，造成了類似 W Hotel 的女模猝死案。許多毒品的包裝很新穎或是與一般的食品包裝（如三合一咖啡、巧克力、軟糖）相近，使得許多人誤食，甚至造成瞬間死亡。

新一代的人類，因為科技發達、電腦網路日新月異，加上價值觀的改變，許多人不知道如何創意地打發無聊時間，於是就「嘗試」毒品，卻一發不可收拾，不僅賠上了自己的人生、家庭，也增加無以數計的社會成本！

三、大麻

許多歐陸國家與美國若干州，都已經將大麻除罪化，一般人也認為將大麻當作娛樂藥品是可以接受的，殊不知吸食大麻者會有認知缺陷、疾病、呼吸道感染等問題，還可能發展出對其他藥物依賴的危險性。許多可怕的結果是因為使用禁藥（大麻、海洛因等）所造成，包括犯罪、家暴、疾病、生產力喪失、增加性病感染的可能性等。

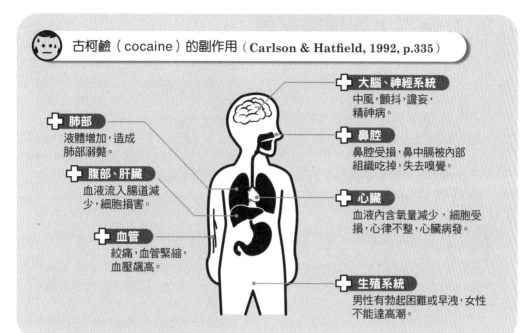

古柯鹼（cocaine）的副作用（**Carlson & Hatfield, 1992, p.335**）

肺部
液體增加，造成
肺部溺斃。

腹部、肝臟
血液流入腸道減
少，細胞損害。

血管
絞痛，血管緊縮，
血壓飆高。

大腦、神經系統
中風，顫抖，譫妄，
精神病。

鼻腔
鼻腔受損，鼻中膈被內部
組織吃掉，失去嗅覺。

心臟
血液內含氧量減少，細胞受
損，心律不整，心臟病發。

生殖系統
男性有勃起困難或早洩，女性
不能達高潮。

培養挫折忍受力的方式（不限於此）

　　Ellis（1997）認為我們的非理性信念與挫折忍受力有極大的關聯，一般人的低挫折忍受力主
要是因為：要求自己的生活要很輕鬆舒適，堅持他人對待自己要絕對和善、體貼、公正與慈愛。
這些錯誤的要求或信念，導致個人不能容忍事情的發展不如其預想。因此，培養挫折忍受力的
方式可以有：

★ 不因一個小挫敗就喪失信心或怪罪他人及自己。
★ 勇於嘗試，試過之後可以學習能力。
★ 在行動之前可以三思，但想太多反而會沒有行動力。
★ 凡人做事都會受到批判，自己的評估最重要。
★ 願意踏出舒適圈，嘗試新的行為與想法。
★ 以自己希望被對待的方式對待他人。
★ 願意站在對方的立場設想。

✚ 知識補充站
　　消極性的情緒處理方式，可能是暫時轉移、發洩情緒。積極性的則是做適當發洩與舒緩之後，
針對問題做有效解決或做自我調適。

8-10 職場上的情緒管理

有人將「情緒管理」與「情緒勞動」（emotional labor）做區分，前者是個人在一般生活中所使用的，後者則是管理個人情緒以影響他人。最常是在工作場域中（如面對顧客）需要使用，個人因為工作關係必須要管理自己在職場上的情緒，以較適當的方式對待顧客（Peterson, 2007, pp.127-128）與同儕。心理學談情緒時，通常會提到情緒的「調適」（adaptiveness），協助個體保護與達成正面基本需求，如生存、健康、生殖、自尊與自主等，而哲學上所提的情緒會聚焦於「適切性」（appropriateness），即情緒的理性根源。前者重在情緒的「功能」，後者重視「理性」（Salmela, 2008, p.37）。

一般來說，我們為了社會大眾其他人的利益與和諧，會朝向服從一些既定的規則，情緒的表達或壓抑會因為文化、職場、個人或情境等而有不同（Ekman & Friesen, 1975, cited in Brotheridge & Taylor, 2006, p.168）。我們在工作上常常會與他人有互動機會（「情緒勞力」），指的就是遵守職場上的一些默契或潛規則，如遵從與表現情緒原則，用來維繫人際關係與確保工作效率（Ashforth & Tomiuk, 2000, p.184）。情緒在職場上的研究較著重在領導與管理方面，當然也有聚焦在工作上該如何處理情緒的議題。

工作團隊的規範（如人際了解、關照行為、創造正向氛圍），與團隊信任、開放溝通、個人投入工作情況和團隊有效性，有強烈相關，而領導者的直接指示則效果正好相反（Druskat & Pescosolido, 2006, p.25）。領導一個團隊是相當需要耗費情緒上的能量的，領導過程亦為一社會過程。領導者的同理心可以正面預測領導力，而管理成員的情緒則會影響團隊工作之表現（Sauer & Ropo, 2006）。職場領袖願意將同仁視為「團隊的一分子」，運用走動管理、了解同僚的需求與近況，適材適用，才能與同仁搏感情、贏得信任（邱珍琬，2017）。

職場上也會有許多霸凌現象，「欺生」就是很典型的例子，資深「老鳥」三不五時會找新進人員的麻煩，或是故意讓其出糗。職場的霸凌情況雖然在所難免，但主管人員的態度與因應方式，就是決定的重要因素。當然企業本身的文化是最關鍵的，若是有既定政策明令不能有霸凌、要求「零霸凌」，而且會嚴格執行，同時營造和諧合作的企業文化，才可以真正遏止霸凌之產生。

不管男性或女性，在工作場合常常需要掩飾或壓抑自己真實的情緒，也就是持續做自我調節的功夫，因此員工之情緒狀態常常是工作場域中被忽略的，然而情緒會影響其在職場中與人互動及工作的效率（Piper & Monin, 2006, p.102）。

小博士解說

「智慧的情緒管理」將情緒管理視為「過程」（process），涉及的因素與步驟為：1. 設定情緒管理之目標；2. 選擇適當的策略以達成目標；3. 有效執行策略；4. 隨時間而調整情緒管理（Côté, et al., 2006, p.1）。

職場上遭遇不平待遇的情緒（Harlos & Pinder, 2000, p.270）

前置事件	伴隨的情緒	情緒結果
氣憤（個人層面） 缺乏情緒（機構層面）	害怕 惱怒 大怒 生氣 想報復 羞愧 困窘 懼怕 罪惡感 無望感 譏諷	害怕 生氣 無望感 傷心 興奮 減少情緒表現 （包括情緒崩潰）

 女性主義觀點的職場情緒管理（Mumby & Putnam, 1993, cited in Martin, Knopoff, & Beckman, 2000, pp.115-118）

人際限制	為了工作效率，必須要克制自己情緒的表達，也要顧及他人的情緒需求與能力。
自發性的工作情緒呈現	藉由彼此的了解與工作相關的情緒，是為了營造社區一體感。
忍受曖昧	因為位階、立場或要求不同，衝突或不一樣的情緒是可共存的。
尊重個人價值觀之不同	了解沒有人的價值觀是完全相同的，要能體諒與尊重。
真誠的自我表達	催化個體在工作上表達其真實情緒的能力與權利。
社區一體感	營造在組織或機構內的社區一體感，可以彼此支持與互助。

＋ 知識補充站

情緒的調適可以運用「改變需求或目標」及「改變情境」兩種方式為之（Salmela, 2008, p.37）。

8-11 **危險情緒與親密關係暴力**

許多進入親密關係中的伴侶，往往是在對另一半不夠了解的情況下開始交往。所謂的「不夠了解」，最重要的是對其情緒狀態與管理的了解不足，有時候會導致不可收拾的局面，像最近層出不窮的約會暴力或情殺事件。

兩人沉浸在甜蜜的愛情中時，常常受到荷爾蒙以及情緒的影響，甚至會為對方找理由（認知）來說服自己，而忘記了周遭重要他人的警告或是擔心。例如，對方可能禁止你／妳與其他朋友聯絡或一起活動（擔心異性朋友會妨礙彼此之交往，或是同性友人干預、亂傳話），你／妳也許在不察的情況下「認為」對方是忌妒或是愛你／妳太深，受不了任何一絲一毫的懷疑。然而，一旦戀情沒有發展到彼此想要的程度或方向，或是想要分手，你／妳原本的人際網絡就已經疏遠或斷絕，要找人幫忙、訴苦，或是徵詢建設性建議，都找不到人。倘若分手很難看，甚至是對方不願意放手，以死相逼或威脅要傷害你／妳，更會讓自己處於危險之境（如臺大張彥文案）。許多的約會或伴侶暴力之所以不能成案，主要就是因為你／妳們彼此之間的關係，很難區分是情侶口角或具有潛在傷害性的暴力，也因為這樣的既存關係，旁人很難插手協助。

親密關係的發展原本是極為愉悅的事，然而若識人不足，會讓自己陷於危險之境，甚至命喪黃泉，徒留給至親友人無限的悔恨與悲傷。暴力包括不同形式的霸凌與虐待，像是精神、言語、關係、肢體、財務（剝削或控制）與限制

行動等，這些都會在不良的親密關係中出現。

「約會暴力」是美、加等國近年來很重視的議題（Garthe, Sullivan, &McDaniel, 2017），因為青少年在前青春期就已經開始發展親密關係，也因此在沒有經驗或預防的情況下，很容易受到暴力侵害，留下終生的傷痛。有項調查研究（成人男女各近八百人）發現：遭受伴侶暴力的男性占 5%、女性占 8%，兩性面對的危險共同因素為：約會時遭受攻擊，以及二十歲前有「間歇性狂暴症」的問題。對男性而言，危險因素還包含：父母的親職暴力、在十四歲之前開始約會；女性的危險因素包括：年紀輕以及與人同居（O'Leary, Tintle, &Bromet, 2014），曾經目睹親密暴力的青少年女性也會允許親密暴力的發生（Lee, Begun,DePrince, & Chu, 2016）。可見情緒控制的問題在約會時就已經出現，這其實也給了約會者一個很好的提醒：約會時就出現的攻擊問題，常常因為在戀愛中而被忽略或合理化，即便是性少數族群也是如此（Ollen, Ameral, Reed, & Hines, 2017）。

在一個以網路方式調查男女大學生各近四百人的研究，發現男性的角色壓力是親密暴力很重要的因素，甚至雙方可以容忍親密關係中的暴力出現（McDermott,Naylor, McKelvey, & Kantra, 2017），可見即便是目前的北美社會，還存在著對男性角色要求的壓力；倘若再加上酒精或大麻的使用，親密暴力更容易發生（Shorey, Moore, McNulty, Stuart, 2016）。

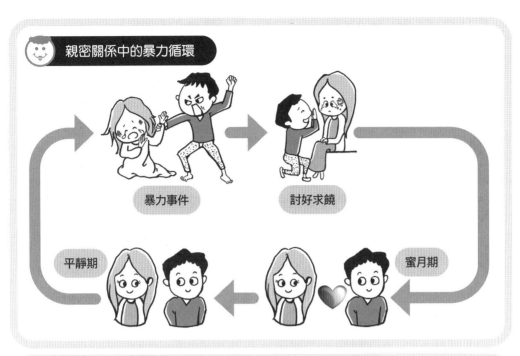

親密關係中的暴力循環

暴力事件 → 討好求饒

平靜期 ← 蜜月期

危險愛情的七大警訊
（諾愛爾‧尼爾森博士，引自吳若女，《康健雜誌》73 期）

占有慾強

激烈的情緒轉變

過去與現在都有暴力行為

旋風般的激烈開端

什麼事都怪罪別人

言語暴力

對別人的反應與需求冷漠

+ 知識補充站

　　許多女性在戀愛中會為伴侶的無理或暴力行為找理由，像是「因為他／她愛我」或「他／她不能忍受別人看我」，事實上這些都是控制與占有慾的表現，也是暴力的前兆。

8-12 **危險情緒與親密關係暴力（續）**

亞裔美國女性遭受親密暴力者達兩成，另外有五成七的大學生遭受伴侶心理虐待，一成五遭受性虐待。而在調查299 位亞裔女大學生時，卻發現若遭受親密暴力，多半會將其歸因於伴侶之個性因素，或是情境及自己的行為引發暴力，而且不會選擇離開那個關係（Nguyen, Jackson, Schacht, Ung, George,& Pantalone, 2016），這個發現的確需要注意。

親密關係的發展需要注意：

一、不要很快地就與對方做一對一的交往，先在團體活動中觀察與了解自己感興趣的對象，看他／她與人互動的情況如何。因為一般人在與人互動中，是最容易展現自我的真實個性。

二、找機會去探聽心儀對象的朋友圈，以及朋友對他／她的了解與認識為何。也請自己的朋友留意一下此人在不同場所的表現，朋友會是你／妳最好的偵探與資源，同時也要聽聽朋友的觀點與看法。當然，若有長輩可以分享其觀察，也是不錯的。

三、兩個人約會時，通常都會展現出自己最完美（甚至是最虛假）的一面，因此偶而一起做義工或是從事一般約會（吃飯、看電影、逛街）以外的事務，你／妳將有更多機會去認識這個人，也會給你／妳更多有助於決定的資源與訊息。

四、偶而可以出出考題，測試一下對方因應緊急情況的能力與情緒智商，也將此事與朋友討論、聽聽他們的看法，因為在戀愛中的人容易「合理化」對方的行為。

分手的智慧

親密關係的結束是一種失落的情緒經驗，然而要怎麼好好分手，的確需要智慧與技巧。現代人尋求戀情的方式很多元，感情變化也很快速，要是不想繼續待在關係裡，分手方式經常很決然（如關掉手機或換手機、突然就不再聯絡），倘若遇到一位會暴衝、突發脾氣者，可能不是提完分手就可以乾淨結束，後續會有許多未處理的事務跟隨，當然也包括自己的「未竟事務」。

臨床上常常發現許多當事人容易與某一特定類型的人交往，如控制慾強、忌妒、酗酒或有不良嗜好。這樣的親密關係常常是令人不滿意的或帶來傷害，然而當事人卻一直這樣重蹈覆轍，彷彿著了魔一樣。

因此，在結束一段關係之後，最好不要馬上開始新的戀情，而是讓自己有時間去做反思、沉澱與整理，甚至去見見朋友或諮商師，讓他們從不同觀點來看這段戀情，或許有一些醍醐灌頂的中肯建議，這樣就較不可能重蹈覆轍或犯同樣的錯誤。

小博士解說

分手 3T：tear（眼淚），好好哭一場；talk（談話），找人談談；time（時間），隨著時間過去，傷痛會緩和（精神科醫師李光輝）。

慎選情人的注意事項

（整理自吳若女，《康健雜誌》73 期）

- 對方是否有穩定的工作或求學生活（如果還在學）？
- 對未來是否有規劃？　　　• 對別人的負面情緒是否關心在意？
- 和家人、朋友的關係好不好？　• 他的生活是否很封閉？
- 他是否尊重生命（會不會虐待小動物或小孩）？
- 對女性是否尊重（會不會貶抑，甚至口出穢言）？
- 是否有物質濫用（酒精或毒品）的情況？

如何好好分手（整理自吳若女，《康健雜誌》73 期）

★ 不要突然分手，然後就不聯絡。

★ 慢慢淡化不合適的關係。

★ 要懂得控制自己的言行情緒，冷淡或疏離表現不宜明顯。

★ 碰到分手危機時，要向外求援。

★ 把自己弄得很糟（例如吃胖、變醜、邋遢），條件變得很差
（如辭職、沒有收入），讓對方倒盡胃口，最後決定自己離去。

★ 分手後，也不要立刻好起來，而是要慢慢來，別讓對方起疑。

正向思考的積極做法（Sonja Lyubomirsky, 2007）

面對與
處理困境

自我照顧

品嚐樂趣

心存感謝

時時行善

珍惜身邊
重要他人

學會體諒

感謝生命中
的貴人

＋ 知識補充站

婦女新知基金會（2001）的「分手暴力調查報告」發現：在臺灣每個月平均有三起因分手而
致死的案件，受害女性（高達八成）遠高於男性。

8-13 寬恕與情緒健康

受到他人的不公平對待，或是他人做了對自己傷害的事件，有許多是不能彌補的（如高雄高樹國中葉永鋕同學被欺凌死亡案），但葉母選擇原諒，並致力於社會公益服務。

「寬恕」首先要從原諒自己做起，先放過自己、不要常常以對方為念，然後再進一步尋求與對方和解。雖然說「原諒他人就是放過自己」，但是要真正做到並不容易，畢竟許多人追求的真理公義無法達成，面對制度、社會或加害者的怨懟極深，同時也感受到自己的無力與無能，卻又不能循正當管道獲得舒緩與平反，自然有極為複雜的情緒。

我們也必須承認，社會上有各種人，其道德修為無法被法律及社會公約所約束，損人利己者是自私，損人不利己者是無聊或病態，這些人也都存活在社會裡。許多人不原諒或不願意寬恕對方，其實只有自己記掛（恨）在心裡，嚴重妨礙自我健康，對方卻不一定如此，因此有人說「寬恕對方就是放過自己」，的確是至理名言。

目前一些學者針對寬恕的效能做研究，Enright（2015/2016, pp.4-10）整理出的項目有：減少心因性憂鬱症、降低焦慮、減少不健康的憤怒、減少創傷後壓力症候群症狀、提升生活品質與專注力、促進合作及減少霸凌，以及提升自尊；而作者自己的體會是寬恕可保護自己的內心世界、恢復自我價值（Enright, 2015/2016, pp.11-12），也就是寬恕有助於情緒療癒。

有學者（Enright, & the Human Development Study Group,1991，引自林碧花、吳金銅，2008, p.437）從心理學的觀點歸納出六個寬恕的社會認知階段（forgiveness stages）：

一、「報復式」的寬恕
（revengeful forgiveness）：
讓對方付出與己方所受的傷害同等的代價後，才願意寬恕對方。

二、「代價式」的寬恕
（restitutional or compensational forgiveness）：
重於形式上的補償與歉意。

三、「期望式」的寬恕
（expectational forgiveness）：
因為別人的期待或外在的壓力而決定寬恕。

四、「合法期望式」的寬恕
（lawful expectational forgiveness）：
因為宗教信仰或家族家規上的要求而選擇寬恕。

五、「社會和諧式」的寬恕
（forgiveness as social harmony）：
為了維持社會的和諧關係而選擇寬恕。寬恕者基於大局的考量，希望藉由釋放敵意來降低衝突，並做出有條件的復合動作。

六、以「愛」為出發點的寬恕
（forgiveness as love）：
此階段的寬恕者是因為寬恕帶來愛的真實感受，而願意無條件地寬恕對方。

小博士解說

「寬恕教育」或許可以舒緩現代人較自我中心、責怪他人的傾向，然而教育還是需落實、深化，才能真正發揮功效。

寬恕歷程的七步驟（Enright, & the Human Development Study Group,1991，整理自林碧花、吳金銅，2008, p.437）

Step1	受傷害者經歷到負面情緒對心理的影響	出現否認、生氣、憤怒、羞愧、自我懷疑、強迫思考等，同時覺察到情緒的痛苦，而這個痛苦的感受逐漸發展成解決困境的動機。
Step2	感到需要解決問題	
Step3	受傷害者選擇可能執行的策略	通常是在公義或仁慈兩個策略中做抉擇，不同的策略會導致不同的影響。
Step4	假如受傷害者有強烈的寬恕動機，則他／她將選擇寬恕做為解決策略	
Step5	在認知上決定寬恕傷害者	寬恕者於此時即使有機會報復，仍毅然決定放棄怨恨和懲罰；此時仍可能有生氣等負面的情緒尚未解決，但已不再主導其行為。
Step6	執行內在的寬恕策略	包括在認知上了解到他人與自我的差異，在情感上願意以同情和同理心看待傷害者，在不扭曲事實的情況下，嘗試以新的觀點重新看待傷害者。
Step7	付諸行動	覺察到在行動上善意的回應對方是必須的，然後考慮可能實際採取復合或原諒的行為策略。

* 注：此歷程模式並非固定一成不變的步驟，而是一個具有彈性且不斷循環的歷程。

家庭作業

① 寫下自己曾經有過的受傷事件與時間，然後檢視這些事件讓自己學習到什麼。

② 寫一封信向某個你／妳認為需要道歉的人請求原諒，若已無法寄給對方，在寫完之後封好，然後燒毀。

③ 找一個人談談自己曾經傷害過某人的始末，請對方在仔細聽完之後，給予意見或感受。

＋ 知識補充站

「內觀」是在當下透過有意識的專注，以一種不帶評價的方式，如實地覺察。內觀狀態是表示有意識地關掉我們慣用的自動導航模式，而重新調整我們的頻率（Williams, et al., 2007/2010, p.73 & p.81）。

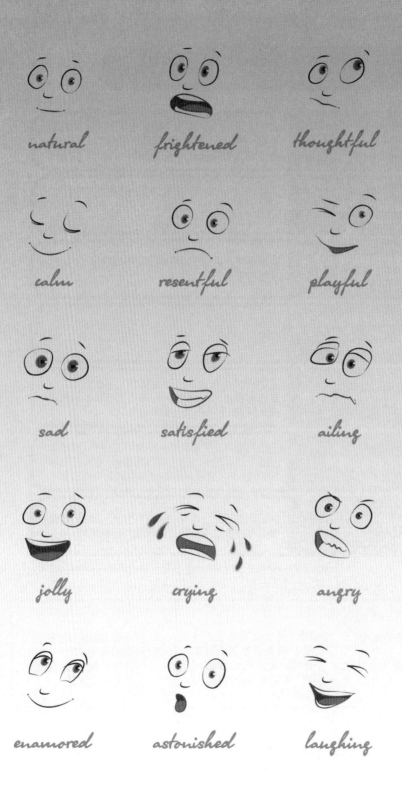

natural   frightened   thoughtful

calm   resentful   playful

sad   satisfied   ailing

jolly   crying   angry

enamored   astonished   laughing

第9章
失落情緒與教育

學習目標：

　　人生過程都是有得有失，而人生也是解決問題的過程。應該如何因應失落的情緒，以及協助孩子面對失落、悲傷或死亡？本章將詳細解說。

9-1　失落情緒與教育

9-2　哀悼的意義與功能

9-3　協助孩子面對失落與悲傷

9-4　面對死亡

9-5　自殺

9-6　自殺危機處置

9-1 **失落情緒與教育**

人生過程其實就是不斷地擁有與失去，生理上隨著成長而有的變化（每天脫落的頭髮、皮膚的年齡），也持續在進行著，因此古人說：「昨日之我已非今日之我。」整個生命過程中有許多的失落，包括失去童年（長大了）、失戀或分手、被解僱或失業、搬家、遺失貴重物品、截肢、在競賽中失敗、朋友離開或失去友誼、親友或喜愛寵物的死亡、退休等等（Corr, Nabe, & Corr, 2000）。

情緒是在關係的衝突與結束中不能切割的一部分，我們大部分時間是用心在關係的維持上，因此若是有結束與失落事件，就會有情緒的經驗產生（Waldron, 2000, p.79）。

生命中的失去固然是常態，但這些失落的情緒必須要有處理動作，才不會變成「殘留」的未竟事務、影響了往後的生活。臺灣對於悲傷教育與先前所提的情緒教育比較缺乏，連成人自己都不能正常表達或談論悲傷，進而也會壓抑了孩子的情緒，這些悲傷未解的情緒就可能成為一個「凍結的情緒」（frozen feelings），影響到未來的生活（Goldman, 2000）。

因為醫學科技的發達，現今許多人過世時不是在自己家裡，而是在養護或醫療機構，也就是悲傷的醫學模式（medical model）習慣將個體放在臨床場域（如醫療院所），阻隔其在社會、文化與歷史的脈絡之外，讓悲傷變得很疏離、無人性（Charmaz & Milligan, 2007, p.527），因此近十多年在推動生命教育的同時，也將這個模式做了改善。

遭遇失落經驗者（或存活者）會將往生者整合到自我裡面，像是承擔往生者原來之角色、行為像往生者，或是以往生者的標準來評估自己的行為（Charmaz & Milligan, 2007, p.533）。失落者會將失落的部分整合到自己持續的生活當中，其處理過程是由社會或文化表達哀傷的規範（如葬禮）所決定。

重大失落會導致我們質疑與動搖對自己所居住的世界與信念，因此重新學習是有必要的。有時候失落者會獨自哀悼、遠離社交關係，這樣的做法一是庇護自己的傷痛，二來是防止哀悼者對逝者太早遺忘，然而社會的支持網絡是度過哀悼最重要的因素（DeSpelder & Strickland, 2005/2006, pp.127-128）。

此外，悲傷也可以提升個人參與既存行動或有新行動的動力（Charmaz & Milligan, 2007, p.524）。倘若悲傷超過一年左右，仍然無法恢復原本的生活，這是所謂的「複雜性喪慟」，可能就需要進一步的治療與處置。

悲傷的情緒也有性別的意涵，女性似乎對於生病的家人較有義務感，因此也會有較多悲傷情緒的表現。悲傷情緒可以帶我們回到依附與連結的關係中（Charmaz & Milligan, 2007, p.537），不僅是與往生者的連結，還有與生者的連結，像葬禮儀式就是讓家族友朋聚在一起，一起面對與逝者的關係。DeSpelder 與 Strickland（2005/2006, p.125）提及我們都是「存活者」（survivors），因為每天都會面臨生活中的改變與失落，因此了解親人喪亡、哀傷與哀悼的定義，可以拓展我們對生存者的理解。

悲傷過程（DeSpelder & Strickland, 2005/2006, pp.129-130）

初期	中期	後期
混亂與毫無頭緒、震驚、手足無措，以退縮方式尋求保護。喪禮有助於重建哀傷者因失去親人所帶來的心煩意亂與迷惑，團體參與喪禮也有助於促進對死亡事實的接受，讓生者開始超越哀傷的劇痛。	焦慮、冷漠、失望，以及對死者的渴望，不穩定的情緒、憤怒或怨恨、被離棄的傷痛、傷心、渴望、孤獨感。 哀傷者會回顧與整理過去與死者互動和發生事件的點滴，也在持續的生活中，與死者形成新的關係形式。	顯著的堅定感，恢復、重新整合與轉化。悲傷已經退後到背景的位置，適應失去親人的事實（有時感覺自己好像在背叛逝去的親人），重新參與生活，再度安排自己的未來。此階段不是「克服哀傷」，而是與哀傷共存及相處的過程。

 悲傷階段與反應（Deeken, 2001/2002, pp.41-45）

Step 1	震驚與麻木	面對親人死亡，一時之間難以接受，呈現出對現實感到麻木的情況。
Step 2	否認	理性上拒絕接受親人已逝的事實。
Step 3	混亂或恐慌	從恐懼陷入極度的混亂，對周遭事物無法專心，日常生活也出現問題。
Step 4	憤怒、感覺不公平	為何自己受此折磨？認為不公平的情緒轉為憤怒，若發洩管道受阻，就會將氣憤轉向自己。
Step 5	敵意與懷恨	對逝去之人有敵意與憤恨之心，認為對方為何不小心或不注意自己健康（不負責任）。
Step 6	罪惡感	懊悔自己所做的或該做卻沒有去做的。
Step 7	空想與幻覺	認為死者還活著，在日常生活中當死者仍在世時一樣。
Step 8	孤獨感與憂鬱	希望自己可以超脫孤單感，也需要他人的協助。
Step 9	精神的混亂與凡事不關心	生活失去目標，覺得空虛，不知如何是好。
Step 10	從絕望到接受	知道事不可挽，要去接受與面對。
Step 11	新的希望（重新發現幽默與笑容）	看見不同的自己與逝者的關係，想為對方更認真地活下去。
Step 12	重新站起來（新的自我誕生）	重新獲得自我感，也有更成熟的表現。

＋ 知識補充站

在複雜性喪慟裡，認知失措與情緒崩潰會持續衝擊個人，甚至會讓某些人有臨床上的憂鬱、不適應或失能情況發生，因此可能會有慢性悲傷、誇大悲傷、掩飾悲傷（壓抑情緒，以身心症方式呈現）與慢性憂鬱等反應（Marrone, 1997）。

9-2 哀悼的意義與功能

對於失落或失去的哀悼過程是必須的。哀悼（mouring）過程有兩層意義：一是從悲傷中復原（結束），另一個是重新開始（重新調適無逝者的世界）。當然哀悼過程並沒有結束，只是我們學會慢慢適應（Rando, 1995, cited in Marrone, 1997, p.112），畢竟生命已經產生變化，不再像以前一樣。

哀悼過程中，哭泣象徵著哀悼者已經從「否認」轉移到「接受」失落的事實，而很重要的是：聽哀悼者敘述事件發生經過（也就是有關死者如何過世的故事），可以協助哀悼者的認知重整（Marrone, 1997, p.115-116）。悲傷過程常常是痛苦而揪心的經驗，而哀悼就是度過悲傷，帶給我們最終的安慰、個人重整或是靈性的轉換（Marrone, 1997, p.110）。

哀悼要達成的任務是：一、接受失去的事實；二、走過哀傷的痛苦；三、適應沒有那個人（或物）的情境；四、將對逝者（失去物）的情感重新定位，繼續過生活（Worden, 1991, cited in Corr et al., 2000）。Worden（1991）提到哀悼的任務包括：接受失落的事實，體驗到悲傷的痛苦，調適逝者已逝的環境，以及重新投入到其他關係中（cited in Marrone, 1997, p.111），在哀悼過程中也可以看到其三項任務：接受失落的事實、管理哀傷（生理、情緒與行為）之痛、調適到一個轉換的環境（Worden, cited in DeSepelder & Strickland, 2005/2006, p.139）。

悲傷輔導的原則

專業助人者面對失落經驗的當事人可以採取哪些方式協助呢？有學者提出以下原則（鈕則誠等，2005, pp.144-145），也適用於一般人：

一、主動接觸喪親家屬：包括身體層面的接觸。

二、建立以當事人（可能是全家）為主的助人關係：包括同理與慈悲。

三、增加失落的現實感：與喪親家屬談論死者，可增加其現實感。

四、協助喪親者表達與處理情緒。

五、闡明正常的悲傷行為：有些喪親者會被自己失控的情緒嚇到，讓其理解此乃正常反應。

六、協助喪親者發現資源及克服生活適應過程中的障礙。

七、面對喪親者靈性或宗教層面的課題：失落親人的悲傷常會衝擊個人對生命的信念、瓦解其對世界的假設，並使喪親者連接到自己的死亡，因此當喪親者從失落中體會意義，並重新建立對生命的信念時，常能協助自己走出悲傷。

八、評估喪親者的高危險群並能及時予以轉介：覺察喪親者可能有複雜性悲傷的傾向時，發現自己無能力協助，就要及時做轉介。

一般人在面對親友的失落經驗時，可以聆聽其述說親人（或寵物）過世的經過，以及其對過世親人（或寵物）的記憶，陪在身邊做支持，安慰的話不一定每個人會說或說對，因此不必勉強。倘若對方需要實質的協助（如喪葬處理或是照顧孩子），就評估自己的能力再予以協助。

Bowlby提及哀悼的四個過程（1980, cited in Marrone, 1997, p.110）

 麻木、否認失落。

 情緒上渴望逝去的人，抗議失去是一去不返的。

 認知上的失調、沮喪，在日常生活上無法正常運作。

 重新組織與重整自我。

 與悲傷有關的情緒與行為反應

生理 哀嘆、呼吸急促、喉嚨緊繃、胸腔空虛、肌肉衰弱、寒顫、顫抖、神經系統過度活躍、失眠或睡眠干擾、胃口改變。

情緒 難過、渴望、孤獨、悲痛、自憐、苦悶、罪惡感、憤怒安慰。

行為 哭泣、尋找亡者，不斷講述有關亡者與亡者過世的情況，什麼都談就是不談失落部分，容易發怒或表現敵意，發狂式地過度活躍，慌張、不知所措。

 哀悼模式（Marrone, 1997, pp.114-131）

哀悼過程
認知重建 啜泣與哭嚎，敘述關於逝者的死亡過程，依據過去、未來、世界與自我做認知重建。

哀悼過程
情緒表達 空虛、緊張焦慮、疲憊或掏空的感受，情緒無助及沮喪，很難維持正常生活功能，承受因逝者而去的其他失落，學會因應心理傷痛。

哀悼過程
心理重整 藉由問題解決、情緒抒發與社會支持，重新整合自我效能，重新調適與逝者的關係，以及其在自己心目中的位置。

哀悼過程
心靈轉換 失落經驗會衝擊我們對世界的假設與信念，也會激起許多的質疑，存在與靈性問題因之而起，我們會去找尋自己認為神聖的物品，試著去連結此肉體生命以外的自己。

9-3 協助孩子面對失落與悲傷

悲傷教育要自小就開始，因為這也是面對生命的積極態度。師長可以協助孩子處理失落經驗的方向包括（Corr et al., 2000, pp.250-254）：

一、給予適當且正確的資訊：包括事情是怎麼發生的。

二、讓孩子表達失去的情緒與可能的反應：不必強裝勇敢，也不故意逃避，真實去面對自己的感受，也發洩出來。

三、讓孩子參與一些儀式或回憶的活動：如喪禮、看看剪貼本或相簿，這些儀式與活動可提供孩子心理上的安慰。

四、協助孩子從失落中找尋意義：包括事後與孩子討論如何記得這個失去的人（物），他（或它）讓我們學到了什麼；在碰到困難或是生活上的挑戰時，會想起這個人（物）的忠告可能是什麼；他（它）在我們的生命中占了一個怎樣的地位。

一般來說，處理孩子失落經驗與哀傷時，最重要而有效的態度就是：有回應，也問問題，可以做的包括與孩子分享照片與記憶、寫信等。孩子可能會對逝去之人有一些罪惡感，也會後悔自己之前應該做些什麼卻沒有做，或者是做了不該做的事，所以「造成」對方的死亡，因此要讓孩子清楚對方的死亡與他／她無關，平撫其情緒。

詢問孩子是否願意參加逝者的葬禮，把他／她包括進來是很重要的，可以讓他／她有機會去消化悲傷，也是悲傷教育很重要的一部分。協助孩子去檢視自己與逝者之間的關係，可以如何記得對方，讓孩子將悲傷轉化為珍貴的死亡教育的機會。若成人自行決定要不要讓孩子參與葬禮，就是不尊重孩子的表現。臺灣的習慣常常是阻止孩子去參加，這也暗示了死亡是一種禁忌，無形中讓孩子對於死亡更加焦慮與懼怕。孩子其實不會害怕死亡，主要是從成人那裡獲得的暗示或解讀使然。

Seibert, Drolet 與 Fetro（2003, pp.60-61）建議在處理孩子的失落經驗時要注意以下幾點：

一、對年齡層不同的孩子：對年幼的孩子要使用具體簡短的答案，語調與肢體上的安慰（如擁抱、拍肩）就可以提供最有效的撫慰；對年紀較長的孩子，答覆的內容要給對方有空間去發展概念。關於該提供多少細節的部分，則視孩子的情況或問題而定。

二、要注意情緒與事實的平衡度：陳述若太情緒化，孩子不能理解；若無太多情緒表露，可能會讓孩子覺得困惑或太嚴厲。

三、要誠實、根據事實與展現關懷：答案沒有對錯，但是態度很重要。

四、倘若孩子認為死亡與自己有關，就必須做釐清與保證，你／妳的責任是解讀孩子的疑問與行為，並提供或找尋機會給予孩子適當資訊或支持。

五、倘若死亡或失落經驗是很暴力或突然，甚至是悲劇性的，就要有不同的因應策略，特別要注意孩子是否覺得焦慮或安全感被威脅。

協助兒童悲傷輔導的注意事項（鈕則誠等，2005, pp.147-148）

注意事項	說明
讓兒童了解真相	清楚告知事實，不要隱瞞，要不然兒童會自行解釋或經由不當管道去了解死亡，傷害更大。
對死亡的解釋	勿捏造事實，或當自己對死亡全知全能，而是以兒童可以了解的程度與語彙做說明，具體說明死亡經過與死亡相關的自然現象。
允許兒童參與部分或全部葬禮	也要徵得兒童之同意，讓其學習死亡的社會意涵。
開放與積極傾聽	兒童的表達多以行為方式表示，傾聽兒童之後才能協助其表達情緒，不預設立場，也開放讓其發問。
等待並給予充足時間	耐心等待其回應。
情緒疏導與表達技巧	運用不同媒材（如繪畫、遊戲治療等）協助其表達情緒，並做良好示範。
記憶重整與回憶箱製作	協助兒童整理對已逝者的回憶、安放在記憶裡的位置，探索失落對其的意義。
必要的愛護與足夠的社會支持	儘量讓兒童的生活回歸正常，並保證讓他／她有足夠的安全感與照顧。
身體舒適的照顧	壓力與悲傷情緒很耗費能量，適當的休息與身體照顧很重要，也讓兒童感受到自己沒有被忽略。
允許兒童做自己	兒童應享有其年齡應有的福祉，成人不應對其有超乎其年齡的能力與要求。

 複雜性哀傷或喪慟的可能因素
（Rando, cited in DeSpelder & Strickland, 2005/2006, p.133）

無預期、突然的死亡。　　　經過長期疾病後的死亡。　　　小孩死亡。

哀傷者認為是可以避免的死亡。　　　哀傷者感覺缺乏社會支持。

哀傷者與亡者間存有憤怒或矛盾情緒，或有明顯依賴關係。

哀傷者之前或同時間存在的精神健康問題，或是無法適應的傷痛與壓力。

＋ 知識補充站

「複雜性喪慟」（Horowitz, Bonanno, & Holen, 1993, cited in Marrone, 1997, p.21）主要是指兩個因素的結合，一是個人對於死者的感受與想法，停留在高度模糊不清的情況當中，二是展現出企圖過度掌控、壓抑不想要的感覺與情緒，這樣容易造成慢性沮喪與其他複雜性悲傷的症狀。

9-4 面對死亡

「死亡」是最大的失去，也是一種「不可逆」的失去，因此一般人會認為面對「失去」比面對「死亡」容易。對生者而言，死亡就是失去聯繫與見面的機會，對死者而言，就是失去人世間原來的一切。有學者提到：「我們面對死亡的方式，反映出我們在日常生活中處理事情、得失與生活改變的方式。」（DeSplder & Strickland, 2005, p.58），也因此每個人的死亡都是獨特的（DeSpelder & Strickland, 2005/2006）。

許多人希望的「好死」，通常就是「無疾而終」或是「在睡夢中死亡」，是一種無預警、沒有意識到痛苦的死亡。而「好死」同時具有「無痛苦」與「道德批判」（例如「好人會有好死」）的意義。研究顯示老人較喜歡「自然死」與被動的「安樂死」（鈕誠則等，2005, p.71），很遺憾的是，我們通常無法選擇自己死亡的方式。

面對致命性疾病的過程，可以經由：**一、出現困擾：** 接受診斷後出現的自我認同危機；**二、緩和與調適：** 開始治療，面對疾病調整與適應；到最後，**三、疾病晚期與生命終止：** 不再治療、身體衰退（Weisman, cited in DeSpelder & Strickland, 2005/2006, p.66）。通常一般人在面對致命疾病的威脅時，會出現防衛機轉與處理策略，都是為了處理疾病所引發的焦慮情緒，因此可以使用情緒焦點的方式（協助調整痛苦與壓力的程度）、問題焦點的方式（解決痛苦的問題），以及意義基礎取向（維持一個人正向的安適感、有新的目標）（DeSpelder & Strickland, 2005/2006, pp.66-67）。

瀕死之人也必須面對所謂「社會性的死亡」，也就是周遭的人似乎已經開始主動或被動地疏離此人，甚至將他／她視為已經不存在的人，這種型態的死亡早在生理上的死亡前就已經發生；原本是活躍於他人生命的積極角色慢慢褪去（Mulkay, 1993, p.33），對瀕死者來說是最痛苦的。在面臨即將過世的親人，讓其能夠「善其所終」最重要，因此不要逃避談死，盡量讓其說出想說的，也讓在世的存活者有機會與其告別，告訴瀕死者其在自己生命中的重要性與意義，使彼此關係可以有個「完結」。

我們從出生開始就每天朝向死亡之路邁進，只是大多數人不願意讓這個事實影響自己的生活，因此採用了許多方式來抗拒。我們無法控制生命的長短，唯一能夠控制的是生命的質感、深度與意義，然而若是不提死亡，反而讓瀕死者無法真誠談及個人事務或關切的議題，其實影響極大（鈕誠則等，2005, p.71）。面對終極死亡的最有效方式就是：每一刻都活在當下，努力創作自己的生命樂章與意義。

小博士 解說

個體對自己必死的醒悟可以來自多方面經驗，包括：1. 覺察到自己老化的徵兆，2. 老友的逝去，3. 與死亡擦身而過的經驗（Kastenbaum, 2005, pp.71）。

人面對死亡的四個向度（Kenneth Core, 1991-92, cited in DeSplder & Strickland, 2005/2006, p.65）

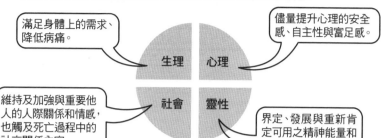

滿足身體上的需求、降低病痛。

儘量提升心理的安全感、自主性與富足感。

生理　心理

社會　靈性

維持及加強與重要他人的人際關係和情感，也觸及死亡過程中的社交關係內容。

界定、發展與重新肯定可用之精神能量和意義，提供希望感。

西方社會對於「好死」的定義
（Kastenbaum, 1979, cited in 鈕則誠等，2005, p.157）

1 疼痛及不適症狀減至最低，或病人可忍受之程度。

2 身體與儀容整潔，以保個人尊嚴。

3 即使在疾病的限制下，仍能保持活動性與自主性。

5 釋放過往的人際衝突。

4 儘可能滿足其情緒與社會（與人互動）層面的需要。

6 允許表達並滿足心願。

7 給予自由選擇之權利。

8 保護其不受到不需要、去人性，以及無意義的醫療處置。

9 滿足其靈性需求，感受到生命是有意義的存在。

10 給予機會安排自己的後事及向親友告別。

未解的悲傷容易產生身心的困擾（Carlson & Hatfield, 1992, p.281）

產生許多身體上的症狀，如偏頭痛、頭痛、臉部疼痛、起紅疹、消化不良、潰瘍、體重增加或減輕、心悸、胸痛、感染、疲倦等。

增加個體罹患心理疾病的可能性。

原有的疾病會更嚴重。

導致生理上的疾病。

增加死亡的危險性。

個體從事危險活動的可能性增加。

＋ 知識補充站

老年人的生命任務之一就是「生命回顧與統整」，重新審視自己的一生過程，成功的或失敗的、做對的及做錯的、要感謝及悔恨的，都會一一浮現，也許還有機會去彌補與請求原諒，至少要讓自己「減少遺憾」。

9-5 **自殺**

在現代的文明社會中，自殺人口卻與日俱增，以往是年紀在十四至二十四歲之間或六十五歲以上者是自殺高峰期，但是現在不同年齡層的自殺人數都有增加的現象，讓人禁不住質疑：到底是哪裡出了問題？在提及失落經驗的同時，必須也闡述自殺的可能危險因子，來協助一般人防範與了解自殺徵象，以及可以協助的途徑。

生命有許多選擇，有人認為決定自己的生與死也是其中一個選項，然而對於至親的人而言，在承受親人自殺後的壓力中，最令人難過的一項就是：「為什麼我事先沒有察覺？沒有任何勸阻動作？」會有許多的疑惑、不解、懊悔與氣憤。一般人對於自殺有一些誤解或迷思（不正確的想法），有時候也因此錯過關鍵搭救時機。

企圖自殺者並不是突發此舉，而是已經醞釀一段時間，只是不知如何向重要他人表達自己的想法與感受，然而我們可以在一些行為或徵象中嗅到蛛絲馬跡，藉此警覺到危險線索，做適當的協助。

倘若願意花時間給壓力極大或是壓抑情緒者，同理其處境、可能有的感受與想法，或許對方就願意吐露自殺意念。因此問對的問題（如「你想過傷害自己嗎？」），可以讓有自殺意念者頓時解除心理的壓力，願意好好談談，甚至一起商議可以解決問題的方式。

一般不了解的人誤以為，如果擔心對方可能有尋死念頭，卻直接問「你想過自殺（或傷害自己）嗎？」會不會就是「暗示」了對方「可以」自殺，或是提供了對方一個「選項」，也害怕自己因此而需要承擔責任。然而，臨床上的經驗已經證明，只要是同理對方可能面臨人生之絕境，也想過傷害自己，這樣「問對的問題」反而可以立即鬆懈對方久蟄的壓力與痛苦，爭取到空間來做實際問題之解決。

若是有明顯的自殺意圖與計畫，緊急強制住院治療是最好的一種安排，在精神醫師開立處方藥物的協助下，同時安排諮商師與其談話做治療。如果先前已有自殺計畫，住院期間體力恢復時，也是關鍵危險期（大概是兩週內），這時要更為注意，因為其可能隨時履行自殺計畫。

自殺通常也是壓力的產品之一，若是當事人認為自己無能力解決問題、無資源（包括物質與人）之奧援，加上在極度的壓力情況下，思考容易卡住或受到限制，無法想出或尋求解答之方，可能就會想不開，做了錯誤的決定。

小博士**解****說**

自傷與自殺是兩回事，因為動機不同。自傷者無求死意願，是以自傷來調節（過於敏感或麻木）情緒，自殺卻是以死為目標。

自殺迷思

- 談論自殺的人不會真的去做。
- 自殺的人一心一意求死。
- 自殺只是想得到別人的注意。
- 只要看看人生光明面，就會好受一點。
- 當情緒變好時，危機就結束了。
- 談論自殺會讓人產生自殺念頭。
- 兒童不知如何自殺。
- 企圖自殺的人有心理疾病。
- 自殺通常沒有預警。
- 自殺未遂者，一輩子都有自殺傾向。
- 自殺是遺傳的。
- 來自富裕家庭的人，自殺率較高。
- 父母該為孩子的自殺負責。
- 酗酒、吸毒能發洩憤怒，可降低自殺風險。

自殺保護因子（吳家儀，2014，引自徐畢卿，2016，pp.256-257）

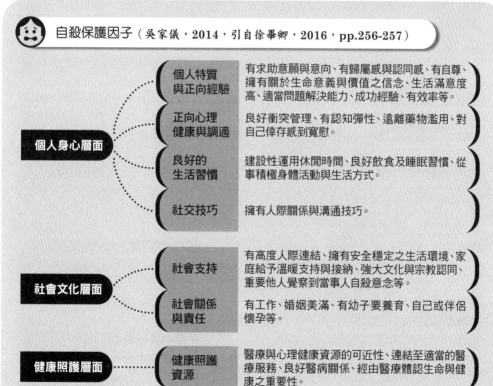

個人身心層面

個人特質與正向經驗	有求助意願與意向、有歸屬感與認同感、有自尊、擁有關於生命意義與價值之信念、生活滿意度高、適當問題解決能力、成功經驗、有效率等。
正向心理健康與調適	良好衝突管理、有認知彈性、遠離藥物濫用、對自己倖存感到寬慰。
良好的生活習慣	建設性運用休閒時間、良好飲食及睡眠習慣、從事積極身體活動與生活方式。
社交技巧	擁有人際關係與溝通技巧。

社會文化層面

| 社會支持 | 有高度人際連結、擁有安全穩定之生活環境、家庭給予溫暖支持與接納、強大文化與宗教認同、重要他人覺察到當事人自殺意念等。 |
| 社會關係與責任 | 有工作、婚姻美滿、有幼子要養育、自己或伴侶懷孕等。 |

健康照護層面

| 健康照護資源 | 醫療與心理健康資源的可近性、連結至適當的醫療服務、良好醫病關係、經由醫療體認生命與健康之重要性。 |

✛ 知識補充站

　　想像自己處於最谷底的狀況時，腦中有無浮現一個可求助之人？老年人會選擇自殺，通常是擔心自己成為他人（尤其是家人）的負擔，年輕人則是因為認知受限，缺乏轉圜之道。

9-6 自殺危機處置

許多自殺者都伴隨情緒上面的困擾，尤其是罹患憂鬱症者（當然不是所有的憂鬱症患者皆會自殺），但有些當事人並不清楚自己罹患情緒方面的障礙，或是不願意去就醫，而讓重要他人覺得束手無策。在取得當事人就醫意願之前，還是要持續陪伴、關心，不要因為對方一直重複同樣的動作或語言，覺得煩躁而不理會或放棄，很容易讓對方覺得沒有受到支持，就有了傷害自己的動作。「自殺意念」（或是想死的念頭）多半是一種求助的警訊，一般想自殺的人都會有一些行為徵象出現，因此多一分心、多留意，就可以挽回性命。

臨床上有所謂的「不自殺契約」，其處理方式是與有（或懷疑有）自殺意圖的當事人一起訂立的書面協定，裡面一一清楚列出當事人若有自殺想法時，可以具體執行的防範方式（包括自己如何排解此想法、可以立即聯絡上的人或緊急電話、叫救護車或打 110 等等），而這份「不自殺契約」也要依情況隨時做適當修正。當然若當事人不肯許下承諾、遵守這些約定，還是強制送醫院治療一段時間較佳。

遭受重大失落，或是連續有失落議題者，可能會思考結束生命的可能性；許多遭受家暴者，因為是家人對其施暴、不覺得被愛，或是覺得自己無所依附或遁逃，也可能會想要以死「解決」問題，需要特別留意。家庭暴力的型態有許多種，肢體暴力或過度體罰、言語與精神虐待（通常肢體暴力都伴隨著言語與精神虐待）、性虐待（不適當觸摸、窺伺，或是性行為）、金錢或行動控制（像是孩子要出門就打）等，有些家長可能有心理疾病，但是絕大多數家暴家庭的加害者是一般人。

一般民眾若聽聞或遭遇類似的個案，對方或許是暴力的直接受害者或目睹者，舉報是當然的責任，最好有追蹤處理進度，多一個熱心人，世界會更溫馨、美好！

婦女與兒童通常是家暴受害者，成人或許有較多的求助管道（與資源），但若是孩童遭受家暴，孩子可能會擔心許多情況而不敢舉報或讓他人知道，因此周邊的人就需要留意與提供協助。孩童受暴的可能徵象有：

一、行為出現問題：包括學業表現與動機低落，不信任他人或孤立自己、與人關係疏離或暴力相向，出現破壞物品或攻擊行為、強迫行為，會抱怨身上有疼痛，或害怕被觸碰，衣著不合時宜（如熱天穿長袖上衣），情緒表達失常，或是有不適齡的性行為表現，或是逃學或逃家，有退化行為等。

二、情緒出現問題：包括情緒不穩定，容易哭泣或悲傷，焦慮、無望，覺得有罪惡感或羞愧，低自尊，或對他人懷有敵意，有自傷行為或自殺意念、失眠或是精神不佳。

三、身體上出現徵狀：身上有不明傷痕、頭痛或其他疼痛症狀，或是重要部位的疼痛與不適、頭暈、噁心或有性病等。

自殺危險性評估

情緒狀態	當事人的情緒狀態若很低落,而且持續超過三週,可能就是憂鬱症的候選人,對於自己、未來與世界都不抱持著正面想法。
體力與生活功能	體力若下滑,可能無能力執行自殺計畫,若一旦恢復,就是關鍵危險期。
自殺計畫	有越縝密的自殺計畫者,其危險性增加。
自殺歷史	有過自殺企圖與行為者,其自殺成功率增加。
自殺手段	其計畫的自殺方式是否容易取得? 若很容易(如跳樓),其危險性增加。
支持系統	當事人與家人或親友的關係如何?倘若與家人疏遠,又無可以求助的人選,危險性大增。
失落事件或偶像死亡	當事人最近若有重大失落事件,也可能引發其自殺念頭與執行,青少年也會因為偶像死亡而想要與其一起滅亡。

可能的自殺徵象

低自尊、較無主見、有罪惡感者。　感覺無助或無望。　孤立的社交網絡。

以成就來肯定自己(不能忍受失敗),覺得自己無價值。　當時承受過多或極大壓力。

有重大失落或偶像死亡。　有自殺歷史,曾企圖自殺。　情緒低落或憂鬱症。

睡眠、飲食習慣改變。　覺得無聊(或人生無意義)。　生理上有病痛。

藥物濫用。　行為或個性突然改變。　威脅要採取自殺行動。

談論死亡或暴力。　無法專心。　把珍貴物品送人(有「告別」或「交代」意味)。

翹家或逃學,課業上有變化等。

家 庭 作 業

① 寫下自己若面臨絕境時可以求助的對象或方式,存在電腦裡的同時,也列印出來放在手邊。

② 找個人談談自己曾有過「想不開」的時候,當時是怎麼想的,考慮到什麼,危機如何解除的,若再遭遇同樣事件,你/妳會如何處理。

③ 訪問周遭的親友:「是否曾想不開?當時是如何度過難關的?」

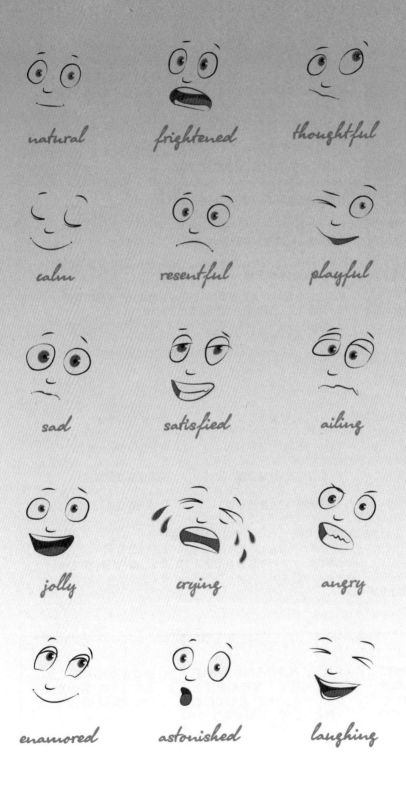

natural

frightened

thoughtful

calm

resentful

playful

sad

satisfied

ailing

jolly

crying

angry

enamored

astonished

laughing

第10章
認識情緒疾患

學習目標：

因為情緒而引起的生理及心理症狀與疾病為何？如何加強情緒的免疫力？面對情緒困擾又該如何處理？本章將詳細解說。

10-1 認識情緒疾患

10-2 焦慮症

10-3 焦慮症（續）

10-4 憂鬱症

10-5 躁鬱症

10-6 加強情緒免疫力

10-7 治療情緒困擾的方式

10-1 **認識情緒疾患**

目前許多小學生被診斷出過動合併情緒障礙,如果家長沒有病識感(不認為自己孩子生病或需要求助),當然就不會帶孩子去做進一步診斷與醫療;有些家長即便了解孩子的情況,卻也擔心藥物的副作用,或是孩子會依賴藥物,而不願意配合醫師處方與診療,延誤了治療的關鍵時機。

許多醫院或是身心科診所,目前都有提供學童與家長相關的情緒障礙教育資訊或是互助團體,協助家長們更了解孩子的狀況與需求,甚至會教導家長如何有效教育孩子或處理一些危急情況。家長們不要花費太多時間去自責,而是去找尋相關資源、善加運用,對於孩子的成長更有裨益!

許多心理疾病患者的情緒都有缺損,像是自戀型人格違常者,通常是無法關心他人或是卸責者,而思覺失調患者本身缺乏情緒經驗,因此往往缺乏行為動力(Rudnick, 2008, p.97)。不管是哪一種心理疾病,最受影響的都是其人際關係,而人際關係是心理健康最重要的指標。這裡特別針對情緒疾患做介紹,主要是因為最近十幾年來,國人罹患情緒性疾病,或是有情緒障礙的孩子比例陡增,因此有必要讓一般普羅大眾了解相關情況,知道該如何做觀察與判斷,接下來又要怎麼做。

病理學上所謂的情緒疾病,包括焦慮、恐慌、強迫症、憂鬱、躁鬱,或創傷後症候群等,也就是情緒上的問題已經蔓延到生活功能與其他面向,影響個人的生活或性命。因此我們要對於情緒疾病有一些認識,懂得去就醫與求助,以恢復原本的生活。

情緒疾病的種類

情緒疾病在臺灣教育部的定義裡,將其視為「情緒障礙」。依據教育部(2002)公布的「身心障礙及資賦優異學生鑑定標準」第九條,所稱的「嚴重情緒障礙」是指:長期情緒或行為反應顯著異常,嚴重影響生活適應者;其障礙並非智能、感官或健康等因素直接造成之結果。因此,情緒障礙的評鑑標準為:一、行為或情緒顯著異於其同齡或社會文化之常態者,得參考精神醫師之診斷認定之。二、除學校外,至少在其他一個情境中顯著適應困難者。三、在學業、社會、人際、生活等適應有顯著困難,且經評估後確定一般教育所提供之輔導無顯著效果者。

對於如何發現情緒障礙,還是需要靠身邊親近的人(師長或朋友)第一手的行為觀察,與其同儕相較之下有異者,若在不同情況下、許多人的觀察結果都一致,就有必要進一步做認定與診斷,接下來的協助或做法(如安排資源)才容易跟進。

小博士解說

情緒的波動是一般人都會遭遇到的情況,然而若情緒低落超過兩、三個星期,可能就不是一般的情緒波動而已,需要進一步做診斷與治療。即使現在對於情緒疾患的治療已經有很大進展,但是若患者本身無「病識感」,就是最難處理的關卡。

情緒障礙症狀

畏懼型疾患　情感性疾患 注意力缺陷過動症　精神性疾患

焦慮型疾患 有其他持續性之情緒或行為問題者

 嚴重情緒障礙學生的身心特質

人際關係方面	互動能力欠佳、經常發脾氣、攻擊他人，因此無法與周遭人建立較妥善的互動關係。
日常生活方面	自理能力不足。無法料理自己的生活（甚至食衣往行等基本需求），也不知如何清楚表達與要求。
生理機能方面	知覺反應薄弱。對外界光線、聲音的刺激反應較遲鈍，或出現過當的反應。
言語表達方面	表達能力欠缺，經常說些與情境無關的事，常會用顯著尖銳或特別低沉的音調說話。
行為適應方面	控制能力較弱、常發脾氣，對外在事物表現出漠不關心的態度，經常喜怒無常，且不合情境及時宜。以自傷、攻擊、破壞做最直接的表現，也常同時重複做一些不自覺，或可能有象徵意義的舉動，如搖頭、抓髮、擺身、扭衣角……等，這些自我刺激的舉動，漸漸會成為習慣性的動作，很難加以控制。

＋ 知識補充站

情緒疾患兒童遭遇壓力時容易過度製造「可體松」，長期下來會損害海馬迴的細胞，也就是造成記憶力的問題（Miklowitz & George, 2008/2010, p.132）。

10-2 **焦慮症**

焦慮是因為對未來可能發生的事產生負面預期，或不能忍受可能發生的事，或是為了一定要達成某目標而產生。而焦慮症通常是指反應與刺激比例相當不對等（或超過）的情況。

情緒智商通常也蘊涵有「較高的挫折忍受力」，「低挫折忍受力」的背後往往是認為「生活必須照我想要的方式進行」使然，若非如此，就無法忍受。克服焦慮也就意謂著要能夠「忍受不舒服」（Dryden & Gordon, 1990/1998, p.33）。我們的許多焦慮也來自於對未來的不可預期，以及許多自己不能掌控的因素。

情緒影響我們記住事情的方法，影響我們回想與重構事情的方式，同時也會影響我們對某些人的印象或感受（Evans, 2001/2005, p.111），焦慮就是其一。焦慮情緒會影響我們與他人的距離，一般情況下會讓我們與他人更疏離，但是特殊情況下，如同被脅持的人質對於綁架者的情感（所謂的「斯德哥爾摩症候群」），儘管讓人覺得不可思議，卻常常發生。

一般人在感到焦慮時，會擔憂任何可能發生的威脅，而任何阻礙我們目標的事物都算是威脅。倘若一個人持續擔憂，自然會妨礙其日常作息與生活，進而影響其身心健康。常見的焦慮疾患有：恐慌症、強迫性精神官能症、畏懼症（如社交畏懼症）、廣泛型焦慮症、創傷後壓力症候群等，本章僅針對恐慌症與創傷後壓力症候群做簡單介紹。

一、恐慌症

恐慌症（panic disorder）是自發性的恐慌發作，主要症狀是在事先毫無預警的情況下，突然發生極度的恐懼、害怕和不舒服感受，同時伴隨著心悸、大量流汗、顫抖、呼吸急促或窒息的感覺、胸痛或胸部不適、噁心或腹部不適、暈眩或頭重腳輕、自我感喪失、脫離現實、怕自己失去控制或發瘋、恐懼自己即將要死亡（取自 https://www.reangel.com/05-Read.php?LI=160）。

因為恐慌症是突如其來，無法預測地出現及消失，因此患者通常不能繼續手中正在進行的事或工作，還要面對他人的異樣眼光。不少患者會擔心突然發病，因而不敢出門，或者一定要找熟悉的人同行，這稱之為「懼曠症」（agoraphobia），而大部分懼曠症都是伴隨著恐慌症一同出現的。恐慌症的盛行率約為 1.5% 至 5%，女性罹患恐慌症的機率高於男性二至三倍，原因不明（取自 https://www.reangel.com/05-Read.php?LI=160），但也可能是因為男性有病不願意就醫，隱藏有許多黑數。

目前對於恐慌症的治療有藥物治療（抗焦慮與抗憂鬱）與認知行為治療兩種。認知治療的重點在於改變患者的錯誤認知，以及可能誘發焦慮的不適當行為，同時合併肌肉放鬆技巧及呼吸訓練。因為患者生病會影響全家，也應輔以家族治療。

恐慌症的解釋（取自https://www.reangel.com/05-Read.php?LI=160）

 理論

認知行為理論

觀點
錯誤的認知與學習是造成恐慌症發作的原因。透過古典制約，患者把一些中性的刺激（如上英文課時突然發作）和恐慌發作聯想在一起，以後只要出現這些中性刺激，就會誘發恐慌發作（解釋了恐慌症的惡化情況）。

精神分析理論

觀點
恐慌之所以發作，是一些潛藏在潛意識的焦慮突然浮現，人們對其有過度反應的結果（解釋恐慌症的第一次發作）。

 「恐慌發作」必須包含下列十三種症狀中的四種或更多
（取自https://www.reangel.com/05-Read.php?LI=160）

- ☐ 1. 心悸、心跳加速
- ☐ 2. 冒汗
- ☐ 3. 發抖
- ☐ 4. 呼吸急促
- ☐ 5. 感到快窒息
- ☐ 6. 胸口不適
- ☐ 7. 噁心，或腹部不適
- ☐ 8. 暈眩、頭重腳輕
- ☐ 9. 失現實感，或失自我感
- ☐ 10. 感到自己快要失去控制或發狂
- ☐ 11. 感到快要死掉
- ☐ 12. 渾身麻木
- ☐ 13. 寒顫或潮紅

（＊ 這些症狀必須是突然出現的，且在十分鐘內達到最高峰，才能診斷為恐慌發作。）

＋ 知識補充站

「懼曠症」患者會害怕不能立刻脫身、無法找到協助的地方，像是擁擠的人群、電影院、市場，都是懼曠症患者畏懼的地方，通常也不敢單獨出門，會會一直「宅」在家裡。

10-3 焦慮症（續）

二、創傷後壓力症候群

創傷後壓力症候群（Posttraumatic stress disorder，簡稱 PTSD，又稱創傷後遺症）是指人在經歷過性侵害、戰爭、交通事故等創傷事件後，產生的精神疾病（維基百科）。創傷記憶不會消失，會常常突如其來地闖入我們的意識，而使帶有情緒的事件容易被想起。我們在快樂時較容易記起快樂事件，悲傷時對於不快樂的事較容易記起來，這就是「情緒一致的回憶」（Evans, 2001/2005, p.114）。一般人不願意回憶創傷事件，是因為也會憶起那些痛苦的感受，然而在做治療時，卻需要當事人重新記憶與體驗所發生的事件，以不同的觀點與角度來詮釋這個事件。

經歷過重大自然災害（如經歷九二一大地震）或人為事件（車禍、謀殺或性侵）創傷者，有些人若不經過長期治療，就會產生情緒上的障礙，像是情緒上的表現會有兩極情況發生，其一是非常敏感，只要有一點點風吹草動就會非常警覺，甚至反應過度；另一個極端是極為不敏銳與遲鈍，甚至是無感，這兩種都是為了抗拒焦慮的防衛機制表現。前者是交感神經過於敏銳，一丁點刺激就會啟動防禦機制，後者則是害怕自己有感覺，因此將感受與自身做「解離」，以護衛自己的完整與安全。

PTSD 的主要症狀包括作惡夢、性格改變、情感解離、麻木感（例如情感上的禁慾或疏離）、失眠、逃避會引發創傷回憶的事物、易怒、過度警覺、健忘和易受驚嚇。

PTSD 的診斷標準如下：

一、個人曾目擊、經驗，或被迫面對一或多種事件，且事件引起自己或他人實際上或威脅性的死亡、嚴重受傷，或威脅到自己或他人身體的完整性。其反應為：強烈害怕、無助，或恐怖感受，兒童則可能表現出混亂或激動之行為。

二、個體會持續再度體驗該創傷事件，包括反覆且強制性、痛苦地回憶此事件（包括影像、思考或感覺）或夢魘，看到類似情境所引發強烈的心理痛苦或生理反應。

三、個體會逃避與該創傷有關之刺激，有過度警覺或反應麻木的表現，嚴重影響其日常生活、對事件的認知或記憶扭曲。

四、以上障礙情況持續超過一個月。

五、造成個體重大痛苦、日常功能損害，這些情況也可能在壓力事件發生半年後才出現。

PTSD 的治療方式，目前仍以減輕症狀、防止慢性功能退化，以及職業與社會復健為主，且以藥物治療與心理治療（或諮商）同時進行。

小博士 解說

Horowitz 綜合各家學說，認為 PTSD 的心路歷程有五個典型階段：哭喊期、否認期、侵擾期、接納期及完成期（引自「華人心療網」）。

恐懼種類與害怕事物（Carlson & Hatfield, 1992, p.438）

懼高症 **(acrophobia)**	怕高	**自懼症** **(autophobia)**	怕自己
幽閉恐懼 **(claustrophobia)**	怕被監禁	**恐婚症** **(gammophobia)**	懼怕婚姻
懼蛇症 **(herpetophobia)**	怕蛇	**責任恐懼症** **(hypergiaphobia)**	怕承擔責任
觀念恐懼症 **(ideophobia)**	怕有想法	**黑夜恐懼** **(nyctophobia)**	怕黑
社交恐懼 **(social phobia)**	害怕出現在 公共場合	**懼新症** **(xenophobia)**	害怕未知

 PTSD自我評估表（引自香港大學李詠茜博士「創傷後壓力症資料及自助手冊」）

在這次意外後，您有沒有出現以下的創傷後壓力症狀？（請在適用的項目旁打「✔」）

I. 創傷事件以下列一種或多於一種的方式持續地重複體驗：

☐ 1. 痛苦回憶（包含影像、思想，或知覺等）重複且強迫性地重現在腦海中。
☐ 2. 重複而痛苦地夢見創傷事件。
☐ 3. 在行動和感受上經常準備創傷事件的再度來臨。
☐ 4. 當身處類似創傷事件的情境時，內心感到極度痛苦。
☐ 5. 當身處類似創傷事件的情境時，產生一些生理反應。

II. 持續逃避與此創傷有關的事情，及有著一般麻木的反應，並且由下列三項或以上顯示出來：

☐ 1. 刻意逃避與創傷有關的思想、感受或談話。
☐ 2. 刻意逃避會引發創傷回憶的活動、地方或人士。
☐ 3. 不能想起創傷事件的重要部分。
☐ 4. 對生活中重要活動的興趣顯著降低或減少參與。
☐ 5. 疏離或疏遠他人。　　☐ 6. 情感表現受限。　　☐ 7. 對前途感到悲觀。

III. 持續有高度警覺的症狀，並由下列兩項或以上顯示：

☐ 1. 難以入睡或熟睡。　　☐ 2. 容易被激怒或爆發怒氣。　　☐ 3. 難以保持專注。
☐ 4. 過分警覺。　　☐ 5. 過度的驚嚇反應。

10-4 憂鬱症

憂鬱症是人類亙古以來就存在的心理疾病（Carlson & Hatfield, 1992, p.288），然而隨著科技社會的進步，罹患憂鬱症的人口急遽上升，因此憂鬱症又被稱為「文明病」。憂鬱情緒與壓力會造成記憶喪失，而良好、有意義的人際關係則會舒緩憂鬱情緒。心理學家佛洛伊德說過「憂鬱是轉向自己的憤怒」（Pert, 1999/2011, p.231），也就是「向內攻擊」的意思。東西方女性經常這麼做，也反映出目前還是父權至上的社會，因為女性向外攻擊的行為通常不被認可或鼓勵。

憂鬱症可能發生在任何年齡，其發作通常與壓力事件有關，也有復發之可能，若有藥物濫用者，其憂鬱情況會更嚴重。由於兒童與青少年族群的憂鬱症徵狀，與《心理疾病診斷與統計手冊》（DSM-V）中的或有不同，需要特別留意，因為兒童與青少年可能表現出易怒，且在行為表現上較為突出（像是退縮、違抗、學業不佳），而不一定只出現情緒低落、食慾不良等症狀。

憂鬱症患者會主動與人疏離，而周遭人若不清楚其情況，可能會認為此人奇特怪異、不願意接近，造成一旦憂鬱症者需要協助，卻找不到可以協助的支持網絡或管道，倘若有自殺意念或計畫的

憂鬱症患者，就有可能因此自殺成功。

焦慮與憂鬱情緒像是連體嬰，有正相關，也就是說焦慮高、憂鬱也越高，憂鬱症患者缺乏正面情緒，焦慮症患者則會有明顯的生理不舒服的抱怨（Clark & Watson, 1991，引自葉在庭，2011, pp.2-3）。憂鬱通常會伴隨著焦慮、害怕、憤怒、煩躁、無望與絕望等感受一起出現，而煩躁是憂鬱症者最常見的症狀。伴隨憂鬱想法的核心主題，通常是與自己的無能或無價值有關。以往常感受到憂鬱的人，較容易累積沮喪情緒，而有低自尊與自責的感受（Williams, et al., 2007/2010, pp.37-38）。

認知心理學家亞倫・貝克（Aaron Beck）發現憂鬱症患者會出現所謂的「憂鬱三角」的思考模式，也就是患者：一、對未來不抱持希望；二、認為自己無法改善現況；三、對周遭世界不抱持正向期待。當一個人的思考進入這樣的死胡同時，其想法是灰色的，也找不出任何可解決的出路，然而非患者本身的其他親友，卻無法體會到患者的真實情緒與感受，所提供的協助較無建設性，有的人甚至會受不了憂鬱患者，而主動與之疏離或孤立患者，造成其情況更嚴重，也更危險。

小博士解說

急性憂鬱症的第一次發作通常是生活中的災難事件所引發，而憂鬱症通常去了又來，是因為每一次個體憂鬱時，會讓大腦中情緒、想法、身體與行為間的連結越來越強，導致憂鬱更容易被引發。

憂鬱症的診斷（Williams,et al., 2007/2010, p.38）

符合前兩個症狀中的一項，加上至少其他四個或更多症狀，且持續兩週以上。

- □ 1. 憂鬱或難過幾乎持續一整天。
- □ 2. 對於所有或幾乎所有之前喜愛的活動，失去興趣或享受的樂趣。
- □ 3. 不是因為節食而起的明顯體重下降（或增加），食慾減少或增加。
- □ 4. 晚上有睡眠障礙或白天嗜睡。
- □ 5. 一整天精神遲緩或激動。
- □ 6. 幾乎每天都感覺疲累或失去活力。
- □ 7. 感覺無價值，或極度、不合宜之罪惡感。
- □ 8. 無法專注思考，或被視為優柔寡斷。
- □ 9. 反覆想到死亡或有自殺意念（包括具體自殺計畫之有無），或曾嘗試過自殺。

常處於憂鬱狀態者的自動化思考
（「自動化思考」問卷，引自Williams,et al., 2007/2010, p.42）

| 我覺得全世界都在跟我作對。 | 為什麼我就是沒有辦法成功。 | 我恨我自己。 |

| 沒有人了解我。 | 我讓大家失望了。 | 我覺得我撐不下去了。 | 我是個輸家。 |

| 我希望我是個更好的人。 | 我真是軟弱。 | 我的人生沒有按照我想要的方式走。 |

| 我對自己澈底失望。 | 再也沒有任何事情讓我感到愉快。 | 我是個沒有價值的人。 |

| 我再也無法忍受這一切。 | 我沒有辦法振作起來。 | 我到底是哪裡有問題。 |

| 假如我是另外一個人就好了。 | 我什麼都沒辦法做好。 | 我什麼事都做不好。 |

| 我希望自己可以消失。 | 我到底是怎麼了。 | 我的生活一團糟。 | 我沒有優點。 |

| 我是個失敗者。 | 我永遠也不可能做到。 | 我覺得很無助。 | 我的前途黯淡。 |

| 不能再這樣下去了。 | 我一定是哪裡出了問題。 | 這一切都不值得。 |

從憂鬱症到自殺會出現的三個層面（Blatt 等人，1976，引自林綺雲，2004, p.189）

依賴感	尋求協助與支持的需要。
自責與自我否定	批判自己所犯的錯誤、自我評價低。
無力感或無效感	許多事情與行動已失控。

憂鬱症的治療（Carlson & Hatfield, 1992, pp.303-306）

藥物（如單胺氧化酶抑制劑、鋰鹽）

藥物合併心理治療　　認知治療

行為治療　　人際治療

10-5 躁鬱症

躁鬱症顧名思義就是有憂鬱與躁動的情形，通常是一前一後發生，最常是鬱症先發作，過一段時間才有躁症出現。過動也是躁鬱症兒童的明顯症狀，但是過動比躁鬱症更早出現（通常是小學入學時就開始）。青春期是精神疾病容易初發的階段，因混合了發展階段的任務、社會與自我期許等壓力，而青少年的躁鬱症循環較成人快，許多家長會認為孩子情緒不穩是青春期的徵象，可能因此而延誤就醫。

躁鬱症影響最大的應該是家庭，只要家中有一名躁鬱症者，全家都會因此而雞犬不寧。躁鬱症的遺傳性高達六至九成，其中環境壓力的引發也不可忽視（Miklowitz & George, 2008/2010, p.127）。家中有躁鬱症患者，需要全家人的接受與諒解，了解病症特徵可以讓家人知道如何分辨、警覺與處理，而不會將過錯放在患者身上或責怪自己及家人。當然患者本身也要為自己的行為負起責任，包括對於治療與療癒的參與及合作。家人要調整對患者的適當期待，也提供結構（而非毫無方向或具體期待），讓患者能安心並發揮最佳功能（Miklowitz & George, 2008/2010, p.105）。

Miklowitz（2008）提出，在躁鬱症患者疾病緩解期間，對患者及重要他人（如配偶、父母及手足等）進行認知治療及社交技巧等訓練，提供支持、鼓勵，也灌注希望，教導家屬認識疾病復發的早期警訊、疾病危險及保護因子，以及按時服藥；同時強調有效的、可改善躁鬱症病人之整體功能的人際關係及增加生活滿意度（引自李秀如、陳美碧、蔣立琦，2013, p.47）。

許多家中有心理疾患者或障礙的孩子，常常會占據家長很多的時間與注意，有時候會忽略其他健康孩子，家長在請健康孩子共同協助的同時，不要忘了適時關心孩子，並注意公平性，否則要處理的問題會更多。

對於躁鬱症的治療，首先還是需要配合藥物治療，通常醫師所開的處方是以治療憂鬱症為主，加上一些鎮靜劑成分。醫師會就憂鬱症者開立抗鬱劑，若是躁鬱症者，則是使用穩定情緒的處方（通常是鋰鹽）。躁鬱症與憂鬱症的患者，在使用藥物控制的同時，最好也接受心理諮商治療，以協助當事人管理情緒、了解也接受藥物治療的用意、減少壓力源、提升生活品質與功能（Miklowitz & George, 2008/2010, p.166）。當然，家中有人生病時，若能夠讓家人認識與了解疾病，以及如何與病患相處，能夠讓患者早日恢復功能。

小博士解說

目前以「鋰鹽」來治療躁鬱症，若鋰鹽在血液內濃度過低無效、過高則有毒性，當患者平衡與統合失常、嚴重胃痛與腹瀉、視力模糊、嚴重手顫抖、說話不清楚、噁心、嘔吐或困惑（不知自己身在何方或日期），就是鋰鹽中毒，要緊急送醫診治（Miklowitz & George, 2008/2010, p.145）。

青少年躁症與鬱症的症狀（Miklowitz & George, 2008/2010, pp.33-50）

躁症	鬱症
□ 1. 快樂興奮。 □ 2. 認為自己無所不能，但不切實際。 □ 3. 較不需要睡眠。 □ 4. 飛躍的思考或滿腦子的想法。 □ 5. 過度的性活動。 □ 6. 易怒。 □ 7. 精力與活動增加。 □ 8. 缺乏判斷、衝動。 □ 9. 濫用毒品或酒精，與自傷行為。 □ 10. 思考與認知的改變。 □ 11. 幻想和幻覺的精神病症狀。	□ 1. 能量與活動減少 □ 2. 失眠 □ 3. 疲倦與躁動不安 ＊ □ 4. 自殺意念或衝動 □ 5. 衝動與憤怒 ＊ □ 6. 感覺無聊 ＊ □ 7. 不想與人接觸或缺乏興趣 □ 8. 自責 （標＊部分，是與成人憂鬱症不同處。）

 接受孩子躁鬱症的五個階段（Miklowitz & George, 2008/2010, pp.95-105）

可能只是成長必經的痛苦。

→ 我要堅持紀律。

→ 有紀律的愛。

→ 這是腦部異常。

→ 在「愛」與「界限」間找到平衡。

 躁鬱症治療的「生理—心理—社會模式」
（Miklowitz & George, 2008/2010, p.120）

以藥物治療控制生理狀態。

以心理治療教導適應技巧，以減緩壓力。

以家庭溝通及問題解決技巧，保護家庭環境。

10-6 **加強情緒免疫力**

情緒健康在平日就要培養與維持，隨著年紀增長與經驗值增加，每個人多多少少都累積了一些情緒智慧，只是有時候事件發生當時，自己抑制不住情緒衝動，讓行為出軌，這也說明了自我的情緒免疫力較差。

情緒免疫力不是讓我們沒有情緒，而是在重要關鍵時刻可以發揮理性，不讓情緒沖昏了頭，因此平常對於自身的情緒狀態要有覺察與警覺。若持續一週情緒低落，或是不像平常的自己，也可上網找一些可用的評估表（政府網站通常有一些免費的篩檢表），做一下初步的評量，此時找人談談是最好的，因為情況還不嚴重。

情緒與社交技巧可增進身體的免疫力，對於致命的疾病（如心臟病、癌症）也有對抗效果（Shapiro, 1997/1998, p.288），因此維持良好、有意義的人際關係，保持愉悅的心情與幽默感，當然有益於身體健康，同時也免去了情緒的困擾。

願意去覺察自己的情緒、不迴避，進一步去了解情緒（與自我），找出情緒背後的可能因素，有助於接下來的情緒處理或問題解決。我們的許多情緒是因為認知（解讀與評估）的結果，也就是與非理性信念有關；許多的非理性信念又與未解決的事務有關係，容易在遭遇類似情境或事件時，引發舊有創傷與情緒。

想法會影響情緒與行動，適當的自我覺察、心情紀錄與反思，加上舉證方式的辯駁，這些能力養成之後，可以用來拒斥或抵抗不合理的信念。

罹患情緒疾病後該如何？

一般不了解的民眾會誤以為，萬一罹患心理疾病，一輩子都無法痊癒，這是錯誤的看法。因為即便是心理疾病患者，若可以做適當的處置與配合，絕大多數都可以正常生活，也對社會有積極正向的貢獻；反之，若輕忽心理疾病、不做處理，不僅讓病患病況加重、無法恢復正常生活功能，還會帶給家人、親密伴侶與社會更多的麻煩及困擾，甚至需要花費更多有形（如金錢、藥物、健保費用）或無形（如親情、人際關係、快樂、社會治安或監獄）的社會成本。

若是發現身邊友人的情緒狀態出現異常，不妨做更仔細的觀察與記錄，將所觀察到的與平常當事人所表現的做對照，也去蒐羅情緒障礙或疾病的相關資訊、做比照與了解，然後勸告、說服與陪同當事人去找身心科醫師做確診。

許多情緒的疾病在剛開始時只是「困擾」而已，若不做處理、拖杳延誤，後果會更嚴重。現代人比以往長壽，也因此失智人口增加許多，失智症初期也會有類似情緒障礙問題，其重要他人或家人要留意，不要錯失治療先機。

小博士解說

情緒的免疫力就像人體的免疫力一樣，不是百毒不侵，而是在必要時刻，不會一下子被摧毀或致使功能無法發揮。心理學上有所謂的「韌力」，是挫折忍受力加上解決問題的能力，協助個體在艱困情況下依然可以存活，有更佳的產能。

失智檢視項目（http://www.ilong-termcare.com/Article/Detail/7）

□ 1. 記憶力下降　　　　　　□ 5. 妄想
□ 2. 活動力降低　　　　　　□ 6. 產生視幻覺
□ 3. 情緒轉變（起伏很大）　□ 7. 重複動作
□ 4. 表達能力降低　　　　　□ 8. 睡眠障礙

檢視可能的非理性信念

陳 述

孩子考一百分給一百元

可能的非理性信念
孩子必須要完美。

怎麼可以做錯。

可能的非理性信念
人應該要一次就做對。

妳離婚了，孩子怎麼辦？

可能的非理性信念
女人應該要為孩子著想，不管如何都要待在婚姻裡。

陳 述

他怎麼會討厭我？

可能的非理性信念
所有人都要喜歡我才可以。

我是男人耶，怎麼可以輸？

可能的非理性信念
對於男性角色或男性氣概的刻板印象（男人不能輸或示弱）。

女人怎麼可以自私。

可能的非理性信念
對於女性角色的刻板印象（女人要無私、以他人需要為優先）。

智慧的情緒管理（Côté, et al., 2006, pp.5-12）

智慧的情緒管理要素	說明
設定情緒管理之目標	要注意工作要求為何，互動對象的特質和文化脈絡。
選擇適當的策略以達成目標	需要如何表達情緒（誇大或壓抑），評估執行不同策略的成功率。
有效執行策略	執行成功率（達到改變）如何，主動且耗費較少資源。
隨時間而調整情緒管理	機動調整策略，以因應不同情況。

＋ 知識補充站

按鈕技巧（pushing the button）：這是阿德勒心理學派使用的情緒管理技術，是讓當事人可以更有效管理自己情緒的方法。有些當事人認為自己無法管理情緒，自己是情緒的受害者且無能為力，諮商師就可以教導這樣的方式，讓當事人在諮商現場「練習」控制自己的情緒，像是假裝按了一個「生氣」的鈕，然後想像一幅令人生氣的場景，之後再按另一個鈕，想像一幅令人喜悅的場景，藉由這樣的練習，當事人也學會了管理自己的情緒。

10-7 治療情緒困擾的方式

　　倘若罹患情緒疾病應該如何？第一步當然還是去找家庭醫師或身心科醫師做正確診斷，看有無「共病」（可能結合其他疾病，如邊緣型人格違常、思覺失調症、行為違常）現象，以及評估環境、個人危機因素、重要發展事件的影響、家族精神病患史，也列出孩子的各項優勢等（Miklowitz & George, 2008/2010, p.57）。接著就依照醫囑服藥，藥物需要三至四週才會慢慢見效，在這段期間若是對於藥物的副作用反感，如長粉刺、體重增加、失眠、頭痛、顫抖、疲倦等（Miklowitz & George, 2008/2010, p.21），都需要回診與醫師商議，讓醫師為你／妳調配好適當的劑量，千萬不要擅自停藥或增減藥量。

　　然而，若患者本身諱疾忌醫，或是毫無病識感，儘管家人努力勸說或強迫，還是無法讓其就醫，或就醫後不聽醫囑服藥或做治療，這些才是療癒的最大障礙。再則，許多人對於情緒疾病患者沒有足夠的了解，而情緒疾患的共通性是「常常反覆」，也讓周遭人不勝其擾，耗盡了家人的耐心，也漸漸抽離其支持與同理的心，讓患者更不知如何是好！患者的家人不要獨自承擔，而是要知道求助資源，也願意去求助，讓一些專業人員協助家人，家人也要清楚該如何協助。

　　此外，許多的心理疾病主要還是因為內心有疑團未解，因此同時進行心理諮商或治療，可以達到事半功倍之效。然而，國人對於心理諮商或治療還是有誤解或迷思，因此不願意求助。幸好目前許多一般醫院設有社工師與心理師，因此患者或其親友可以先與這些社工人員或心理師商談，看能否做同步治療，若醫院的心理師已經是個案負荷量過多，

要等候很長的時間，不妨上網搜尋或詢問當地衛生局所，找出附近的諮商師，自行前往。

　　情緒困擾嚴重時，最重要的都是先就醫，有時需要藥物的協助，同時在醫療單位找諮商師或心理師定時晤談協助。公開地剖白或自我揭露，會刺激大腦掌管思考的部分進行重整，撫平創傷情緒記憶（Shapiro, 1997/1998, p.285）。因此，找人談或是找諮商師做治療，雖然沒有立即效果，卻是一種有效解決情緒困擾的方式；當然，有些人願意尋求宗教或信仰的協助，也不要排擠其他可行的途徑。

　　兒童或成人都可使用遊戲治療，遊戲治療是讓受創者在遊戲中一直重建當時受創的經驗片段，讓大腦執掌認知的部分去重新詮釋掌管情緒部分所留下的不安印象，藉此擺脫創傷（Shapiro, 1997/1998, p.284）。目前對於 PTSD 患者最有效的方式，是「眼動減敏及歷程更新療法」（Eye movement desensitization and reprocessing, EMDR），可以快速減緩創傷的主要症狀。這是一種暴露治療，運用了想像洪水法、認知重建、快速有節奏的眼部動作，以及雙邊刺激（像是拍打當事人兩邊大腿的外側），是相當短期的治療（Corey, 2009; Inobe, 2001）。

　　EMDR 的觀點認為，是記憶被不當儲存與處理，所以才會有一些殘留物一直影響著當事人。進行時，首先要建立安全的情境，讓當事人描述受創的經驗，接著拍打當事人雙側（刺激左右腦的對話），然後暫停，讓當事人談自己的想法（或重新架構），如此重複多次（鄔佩麗，6/23/11）。

EMDR的施行步驟（Inobe, 2001）

搜集當事人歷史。

評估當事人目標記憶與徵狀。 → 減敏過程。

置入當事人想要的正向認知。 ←

身體掃描，看是否仍有殘留的身體徵狀。

結束時，會教導當事人萬一復發時該如何處理。

 有關憂鬱症的不同理論（Carlson & Hatfield, 1992, pp.289-302）

文化歸因	自古以來，幾乎是全世界共通的疾病，只是有些文化影響其人民對於憂鬱的感受或體驗有些不同。

基因理論	有些基因上的缺陷會導致憂鬱症遺傳。	精神分析理論	早期創傷，或與主要照顧者分離。
認知理論	錯誤歸因，習得無助感。	行為模式	個體接受社會酬賞或處罰的多寡。
生化理論	情緒經驗會影響腦部化學活動。		

情緒教育總覽

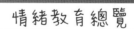

- 了解自我情緒，並認識及適當使用情緒字彙。
- 接納情緒是自我的一部分，接納所有自己體驗的情緒。
- 設身處地同理他人情緒，並做適當溝通與支持。
- 示範與他人互動的正確方式。
- 模仿他人激發自己情緒時的做法，學習以不同方式因應。
- 培養從不同觀點看事情的能力以及幽默感。

家庭作業

① 列舉出自己維護健康情緒的方式，並開發其他可行之道。

② 與家人定期談論情緒疾病的自我檢視與重要性，彼此也互相注意、關照。

③ 以「貝克三欄」（發生事件、情緒、可能及變通的想法）的方式固定檢視自己一週的情緒重要事件，同時思考其他可能的想法或信念。

參考書目

丁凡（譯）（2010）。《是躁鬱，不是叛逆：青少年躁鬱症完全手冊》（*The bipolar teen: What you can do to help your child and your family*, by D. J. Miklowitz & E. L. George, 2008）。臺北：心靈工坊。

王千倖（譯）（2016）。《寬恕的勇氣：寬恕的八打金鑰》（*8 keys to forgiveness*, by R. Enright, 2015）。臺北：心理。

王珍妮（譯）（2001/2002）。《生與死的教育》（*SEITO SHI NO KYOUIKU*, by Alfons Deeken, 2001）。臺北：心理。

王淑俐（1995）。《青少年的情緒問題、研究與對策》。臺北：合記圖書。

江宜珍、李蘭（2010）。〈社會網路與社會支持〉。收錄於李蘭等著《健康行為與健康教育》，pp.123-140。臺北：巨流。

何灣嵐（譯）（1998）。《情緒的管理：如何增進你的EQ》（*Think your way to happiness*, by W. Dryden & J. Gordon, 1990）。臺北：聯經。

李明濱（1997）。《情緒與疾病》。臺北：臺大醫學院。

李秀如、陳美碧、蔣立琦（2013）。〈以家庭為中心照護住院躁鬱症病人之轉變經歷〉。《護理雜誌》，60（6），47-56。doi:10.6224/JN.60.6.47

李淑珺（譯）（2005）。《為什麼青少年都衝動？》（*Why do they act that way? A survival guide to the adolescent brain for you and your teen*, by D. Walsh & N. Bennett, 2004）。臺北：張老師文化。

宋晏仁（2017）。《終生瘦用：211全平衡瘦身法》。臺北：原水文化。

周美麗、吳水丕（2012）。〈靜坐對國小學童情緒智商之影響〉。《工作與休閒學刊》，3(1)，139-158。

邱珍琬（2002）。〈自我覺察札記在諮商師養成教育中的運用與實際〉。《輔導季刊》，38(3)，66-74。

邱珍琬（譯）（2010）。《協助自傷青少年：了解與治療自傷（*Helping teens who cut: Understanding and ending self-injury*, by M. Hollander, 2008,）。臺北：五南。

邱珍琬（2017）。《職場女性的性別意識研究》（手稿）。

林美珠、田秀蘭（譯）（2013）。《助人技巧：探索、洞察與行動的催化》（*Helping skills: Facilitating exploration, insight, and action*, by C. E. Hill, 2009）。臺北：學富。

林淑華（2001）。《情緒覺察評量表之發展：性別、憂鬱、情緒性質及情緒重要性之影響》。高雄醫學大學行為科學研究所碩士論文，未出版。

林維芬（校閱）（2008）。《寬恕治療：解除憤怒與重燃希望之理論與應用》（*An empirical guide for resolving anger and restoring hope*, by R. D. Enright & R. P. Futzgibbons, 2000）。臺北：洪葉。

林綺雲（2004）。〈從社會建構論談國人憂鬱與自殺現象的隱憂〉。載於林綺雲、張盈堃、徐明翰著。《生死學——基進與批判的取向》，pp.186-204。臺北：洪葉。

林碧花、吳金銅（2008）。〈寬恕教育輔導方案對國小學童的寬恕態度影響之研究〉。《教育心理學報》，39(3)，435-450。

邵湘雅（2006）。《自傷者的逃離與面對：自我在關係中的發展》。屏東教育大學教育心理與輔導學系碩士論文，未出版。

高毓秀 （2016）。〈體能休閒活動與健康促進〉，收錄於王秀紅總校閱《健康促進與實務》（四版），pp.181-227。臺北：華杏。

唐子俊、唐慧芳、黃詩殷、戴谷霖（譯）（2003）。《憂鬱症最新療法：人際心理治療的理論與實務》（*Interpersonal psychotherapy: A clinician's guide*, by S. Stuart & M. Roberson, 2006）。臺北：心理。

徐畢卿（2016）。〈心理健康與健康促進〉。收錄於王秀紅總校閱《健康促進與實務》（四版），pp.229-271。臺北：華杏。

許文耀（審閱）（2010）。《是情緒糟，不是你很糟：穿透憂鬱的內觀力量》（*The mindful way through depression: Freeing yourself from chronic unhappiness*, by M. Williams, J. Teasdale, Z. Segal, & J. Kabat-Zinn, 2007）。臺北：心靈工坊。

陳怡志（2016）。《兒童情緒覺察層次量表——臺灣版信效度之檢驗》。東吳大學心理學系碩士論文，未出版。

陳增穎（譯 ）（2015）。《諮商技巧精要：實務與運用指南》（*Essential counseling skills: Practice & application guide*, by S. Magnuson & K. Norem, 2015）。臺北：心理。

紐則誠、趙可式、胡文郁（編著）（2005）。《生死學》（二版）。臺北縣：國立空中大學。

黃素娟、張碧琴（譯）（2011）。《照顧孩子的有效策略：以依附關係為焦點之親職教育》（*Attachment-focused parenting: Effective strategies to care for children*, by D. A. Hughes, 2009）。臺北：心理。

黃雅文、張乃心、蕭美慧、林泰石、林珊吟、范玉玟、賴彥君（譯）（2006）。《生命教育》（ *The last dance: Encountering death &dying I*, by A. A. DeSplder & A. L. Strickland, 2005）。臺北：五南。

梅錦榮（1991）。《神經心理學》。臺北：桂冠。

游恆山（譯）（2002）。《健康心理學》（*Health psychology*, by A. J. Curtis, 2000）。臺北：五南。

張德芬（譯）（2008）。《一個新世界：喚醒內在的力量》（*A new earth*, by E. Tolle, 2006）。臺北：方智。

張勤（譯）（2005）。《情感來自演化？看科學家如何發現情感的祕密》（*Emotion: The science of sentiment*, by D. Evans, 2001）。臺北：左岸文化。

楊俐容（編著 ）（2015）。《我是 EQ 高手（學習手冊一）》。嘉義：耕心文教事業。

歐陽端端（2013）。《情緒競爭力 UP ！：15 個線索，讓你把事情做完、做對、做好》（*The brain and emotional intelligence, new insights, 1st ed.*, by Daniel Goleman, 2011 ）. 臺北：時報文化。

新苗編譯小組（1998）。《我不再被恐嚇》（ *101 ways to deal with bullying*, by Michele Eilliott, 1997）。臺北：新苗。

葉在庭（2011）。〈情緒與健康——兼論正向情緒的保護作用〉。《應用心理研究》，51(3)，pp.1-4。

葉光輝（2017）。《從親子互動脈絡看華人性格的養成》。臺北：五南。

鄭羽芯（2006）。《大學生人際依附風格、情緒表達方式與愛情關係滿意度之相關研究》。臺中教育大學諮商與教育心理研究所碩士論文，未出版。

薛美珍、諶悠文（譯）（1998）。《我家小孩高 EQ：讓孩子樂觀合群地成長》（*How to raise a child with a high EQ: A parents'guide to emotional intelligence*, by L. E. Shapiro, 1997）。臺北：天下文化。

謝臥龍、楊展慧（1996）。〈親密關係之男女有別〉。收錄於《兩性與社會》（蔡秀美主編），pp.29-42。國立中正大學成人及推廣教育中心編製。

賴俐雯、金瑞芝（2011）。〈父親後設情緒理念與幼兒情緒表達關係——以生氣情緒為例〉。《應用心理研究》，51(3)，pp. 41-77。

傅馨芳（譯）（2011）。《情緒分子的奇幻世界》（*Molecules of emotion: The science behind mind-body medicine*, by C. B. Pert, 1999,）。臺北：張老師文化。

鄔佩麗（6/23/11）。《EMDR（眼動減敏與力成更新療法）進階課程》。高雄：高雄地方法院。

Allen, P. A., Lien, M.C., & Ruthruff, E. (2011). Cognition and emotion: Neuroscience and behavioral perspectives. *Journal of Cognitive Psychology, 23*(6), 667-668.

Ashforth, B. E., & Tomiuk, M. A. (2000). Emotional labour and authenticity: Views from service agents. In S. Fineman (Ed.), *Emotion in organizations* (2nd ed.)(pp. 184-203). London: Sage.

Bates, J. E. (2000). Temperament as an emotion construct: Theoretical & practical issues. In M. Lewis & J. M. Haviland-Jones (Eds.), *Handbook of emotions* (2nd ed.)(pp. 382-396). N.Y.: Guilford.

Belenky, M., Clinchy, B., Goldberger, N., & Tarule, J. (1997). *Women's ways of knowing: The development of self, voice and mind*. N. Y.: Basic Books.

Bendelow, G., & Mayall, B. (2000). How children manage emotion in schools. In S. Fineman (Ed.), *Emotion in organizations* (2nd ed.)(pp. 241-254). London: Sage.

Bjornsen, C. A., & Archer, K. J. (2015). Relations between college students' cell phone use during class and grades. *Scholarship of Teaching & Learning in Psychology*, 1(4), 326-336. http://d.doi.org/10.1037st100000045

Brody, L. R. & Hall, J. A. (2000). Gender, emotion, and expression. In M. Lewis & J. M. Haviland-Jones (Eds.), *Handbook of emotions* (2nd ed.)(pp. 338-349). N.Y.: Guilford.

Brotheridge, C. M., & Taylor, I. (2006). Cultural differences in emotional labor in flight attendants. In W. J. Zerbe, N. M., Ashkanasy, & C. E. J. Härtel (Eds.), *Research on emotion in organizations: Individual and organizational perspectives on emotion management and display* (Vol. 2)(pp.167-191). Oxford, UK: Elsevier Press.

Carlson, J. G., & Hatfield, E. (1992). *Psychology of emotion*. Fort Worth, TX: Harcourt Brace Jovanovich College Publishers.

Cassady, J. C., & Boseck, J. J. (2008). Educational psychology and emotional intelligence: Toward a functional model for emotional information processing in schools. In J. C. Cassady & M. A. Eissa (Eds.), *Emotional Intelligence: Perspectives on educational & positive psychology* (pp. 3-24). N.Y.: Peter Lang.

Chang, K. B. T. (2008). Can we improve emotional intelligence? Addressing the positive psychology goal of enhancing. In J. C. Cassady & M. A. Eissa (Eds.), *Emotional Intelligence: Perspectives on educational & positive psychology* (pp. 25-45). N.Y.: Peter Lang.

Charmaz, K., & Milligan, M. J. (2007). Grief. In J. E. Stets & J. H. Turner (Eds.), *Handbook of sociology of emotions* (pp. 516-543). N. Y.:Springer.

Cole, M., & Cole, S. R. (1993). *The development of children* (2nd ed.). N. Y.: Scientific American Books.

Corey, G. (2009). *Theory and practice of counseling and psychotherapy (8th ed.)*.Belmont, CA: Brooks/Cole——Thomson Learning.

Corr, C. A., Nabe, C. M., & Corr, D. M. (2000). *Death and dying, life and living (3rd ed.)*. Belmont, CA: Wadsworth.

Côté, S., Miners, C. T. H., & Moon, S. (2006). Emotional intelligence and wise emotion regulation in the workplace. In W. J. Zerbe, N. M. Ashkanasy, & C. E. J. Härtel (Eds.), *Research on emotion in organizations* (Vol. 2)(pp.1-24). Oxford, UK: Elsevier.

Diener, E., & Lucas, R. E. (2000). Subjective emotional well-being. In M. Lewis & J. M. Haviland-Jones (Eds.), *Handbook of emotions* (2nd ed.)(pp. 325-337). N.Y.: Guilford.

Druskat, V. U. & Pescosolido, A. T. (2006). The impact of emergent leader's emotionally competent behavior on team trust, communication, engagement, and effectiveness. In W. J. Zerbe, N. M. Ashkanasy, & C. E. J. Härtel (Eds.), *Research on emotion in organizations* (Vol. 2)(pp. 25-55). Oxford, UK: Elsevier.

Dryden, W. (1999). *Rational emotive behavioral counseling in action* (2nd ed.). London: Sage.

Dryden, W. (2007). *Rational emotive behavioral therapy*. In W. Dryden (Ed.), *Dryden's handbook of individual therapy (5th ed)*(pp. 352-378). London: Sage.

Eide, D. (2006). Care in organizations: A conceptual lens to study emotions and capability. In W. J. Zerbe, N. M. Ashkanasy, & C. E. J. Härtel (Eds.), *Research on emotion in organizations* (Vol. 2)(pp. 107-143). Oxford, UK: Elsevier.

Elissa, M. A., Boseck, J. J., & Cassady, J. C. (2008). Positive emotions and health benefits. In J. C. Cassady & M. A. Eissa (Eds.), *Emotional Intelligence: Perspectives on educational & positive psychology* (pp. 209-224). N.Y.: Peter Lang.

Faucher, L., & Tappolet, C. (2008). Facts and values in emotional plasticity. In L. C. Charland & P. Zachar (Eds.), *Fact & value in emotion* (pp. 101-137). Philadelphia, PA: John Benjamins Publishing Company.

Fineman, S. (2000). Commodifyinf the emotionally intelligent. In S. Fineman (Ed.), *Emotion in organizations* (2 nd ed.)(pp. 101-114). London: Sage.

Folkman, S.& Lazarus, R. (1985). If it changes it must be a process: Study of emotion and coping during three stages of a college examination. *Journal of Personality & Social Psychology, 48,* 150-170.

Forgas, J. P., & Vargas, P. T. (2000). The effects of mood on social judgement and reasoning. In M. Lewis & J. M. Haviland-Jones (Eds.), *Handbook of emotions* (2nd ed.)(pp. 350-367). N.Y.: Guilford.

Francis, L. E. (2007). Emotions and health. In J. E. Stets & J. H. Turner (Eds.), *Handbook of sociology of emotions* (pp. 591-610). N. Y.:Springer.

Frias-Armenta, M., Borrani, J., Valdez, P., Tirado, H., & Jiménez, X. O. (2012). Self-control, self-regulation, and juvenile delinquency. In V. Barkoukis (Ed.), *Psychology of self-regulation: Psychology of emotions, motivations and actions* (pp. 147-167). N. Y.: Nova Science Publishers.

Garthe, R. C., Sullivan, T. N. & McDaniel, M. A. (2017). A meta-analytic review of peer risk factorsand adolescent dating violence. *Psychology of Violence, 7*(1), 45–57.

Gilligan, C.(1982). *In a different voice: Psychological theory & women's development.* Cambridge, MA: Harvard University Press.

Goleman, D. (1997/2015). 收錄於劉壽懷譯《與孩子一起上的情緒管理課》(*The heart of parenting: Raising an emotionally intelligent child*, by J. Gottman & J. Declaire)(pp. 6-8)。臺北：時報文化。

Good, K. (2016). Raising your child in a digital world: *Finding a healthy balance of time online without techo tantrums and conflict.* Australia: Finch Publishing.

Hackney, H. L., &Cormier, S. (2009). *The professional counselor: A process guide to helping* (6th ed.). Upper Saddle, NJ: Pearson.

HarlosK. P., & Pinder, C. C. (2000). Emotion and injustice in the workplace. In S. Fineman (Ed.), *Emotion in organizations* (2nd ed.)(pp. 255-276). London: Sage.

Hazler, R. & Kottler, J. (1994). *The emerging professional counselor: Studentdreams to professional realities.* Alexandria, VA: American Counseling Association.

Heller, A. (2009). *A theory of feelings* (2nd ed.). Lanham, MD: Lexington Books.

Himelstein, S. (2013). *A mindfulness-based approach to working with high-risk adolescents.* N.Y.: Routeldge.

Inobe, S. P. (2001). Eye movement desensitization and reprocessing (EMDR). In R. J. Corsini (Ed.), *Handbook of innovative therapy* (2nd ed.)(pp. 230-241). N. Y.: John Wiley & Sons.

Isen, A. M. (2000). Positive affect and decision making. In M. Lewis & J. M. Haviland-Jones (Eds.), *Handbook of emotions* (2ⁿᵈ ed.)(pp. 417-435). N.Y.: Guilford.

Ivey, A. E., & Ivey, M. B. (2008). *Essentials of intentional interviewing: Counseling in a multicultural world.* Belmont, CA: Brooks/Cole.

Kellogg, S. H., & Young, J. E. (2008). Cognitive therapy. In J. L. Lebow (Ed.), *Twenty-first century psychotherapies: Contemporary approaches to theory & practice* (pp. 43-79). Hoboken, N. J.: John Wiley & Sons.

Kobasa, S. C. (1979). Stressful life events, personality and health: An inquiry into hardiness. *Journal of Personality and Social Psychology, 37,* 1–11.

Krone, K. J., & Morgan, J. M. (2000). Emotion metaphors in management: The Chinese experience. In S. Fineman (Ed.), *Emotion in organizations* (2ⁿᵈ ed.)(pp. 83-100). London: Sage.

LeDoux, J. (1996). *The emotional brain: The mysterious underpinnings of emotional life.* N.Y.: Simon & Schuster.

Lee, M. S., Begun, S., DePrince, A. P., & Chu, A. T. (2016). Acceptability of dating violence and expectations of relationship harmamong adolescent girls exposed to intimate partner violence. *Psychological Trauma: Theory, Research, Practice, & Policy, 8*(4), 487-494.

Leventhal, H. & Patrick-Miller, L. (2000). Emotions and physical illness: Causes and indicators of vulnerability. In M. Lewis & J. M. Haviland-Jones (Eds.), *Handbook of emotions* (2ⁿᵈ ed.)(pp. 423-537). N.Y.: Guilford.

Lewis, P. & Simpson, R. (2007). *Gendering emotions in organizations.* N. Y.: Palgrave MacMillan.

Marrone, R. (1997). *Death, mourning, and caring.* Pacific Grove, CA: Brooks/Cole.

Martin, J., Knopoff, K., & Beckman, C. (2000). Bounded emotionality at the body shop. In S. Fineman (Ed.), *Emotion in organizations* (2ⁿᵈ ed.)(pp. 115-139). London: Sage.

May, R. (1953).*Man's search for himself.* New York: W. W. Norton & Company.

McColl-Kennedy, J. R., & Smith, A. (2006). Customer emotions in service failure and recovery encounters. In W. J. Zerbe, N. M., Ashkanasy, & C. E. J. Härtel (Eds.), *Research on emotion in organizations: Individual and organizational perspectives on emotion management and display* (Vol. 2)(pp. 237-268). Oxford, UK: Elsevier Press.

McDermott, R. C., Naylor, P. D., McKelvey, D., & Kantra, L. (2017). College men's and women's masculine gender role strain and dating violence acceptance attitudes: Testing sex as a moderator. *Psychology of Men & Masculinity, 18*(2), 99-111.

Moritsugu, J., Vera, E., Wong, F. Y., & K. G. Duffy (2016). *Community psychology* (5ᵗʰ ed.). N.Y.: Routledge.

Mulkay, M. (1993). Social death in Britain. In D. Clark (Ed.) *Sociology of death* (pp. 31-49). Oxford, UK: Blackwell.

Nguyen, H. V., Jackson, M. A., Schacht, R. L., Ung, C. M., George, W, H., & Pantalone, D. W. (2016). Asian American college women's in-the-moment responses to a dating violence situation. *Asian American Journal of Psychology, 7*(3), 176-184.

O'Leary, K. D., Tintle, N. & Bromet, E. (2014). Risk factors for physical violence against partners in the U.S. *Psychology of Violence, 4*(1), 65-77.

Ollen, E. W., Ameral, V. E., Reed, K. P. & Hines, D. A. (2017). Sexual Minority College Students' Perceptions on Dating Violence and Sexual Assault. *Journal of Counseling Psychology, 64*(1), 112–119.

O'Shaughnessy, J., & O'Shaughnessy, N. J. (2003). *The marketing power of emotion.* UK: Oxford University Press.

Peterson, G. (2007). Cultural theory and emotions. In J. E. Stets & J. H. Turner (Eds.), *Handbook of sociology of emotions* (pp. 114-134) . N. Y.: Springer.

Piper, F., & Monin, N. (2006). Beneath the masks: A critical incident focus on the emotions experienced in the worker/supervisor relationship. In W. J. Zerbe,N. M. Ashkanasy, & C. E. J. Härtel (Eds.), *Research on emotion in organizations* (Vol. 2)(pp. 81-105). Oxford, UK: Elsevier.

Pratt, M. G., & Doucet, L. (2000). Ambivalent feelings in organizational relationships. In S. Fineman (Ed.), *Emotion in organizations* (2nd ed.)(pp. 204-226). London: Sage.

Reeve, J. M. (1997). *Understanding motivation and emotion* (2nd ed.). Fort Worth, TX: Harcourt Brace College Publishers.

Reissland, N. (2012). *The development of emotional intelligence: A case study.* N.Y.: Routledge.

Rudnick, A. (2008). Ethical implications of emotional impairment. In L. C. Charland & P. Zachar (Eds.), *Fact & value in emotion* (pp. 87-99). Philadelphia, PA: John Benjamins Publishing Company.

Salmela, M. (2008). How to evaluate the factual basis of emotional appraisals? In L. C. Charland & P. Zachar (Eds.), *Fact & value in emotion* (pp. 35-51). Philadelphia, PA: John Benjamins Publishing Company.

Salovey, P., Bedell, B. T., Mayer, J. D., & Detweiler, J. B. (2000). Current directions in emotional intelligence research. In M. Lewis & J. M. Haviland-Jones (Eds.), *Handbook of emotions* (2nd ed.)(pp. 504-520). N.Y.: Guilford.

Sauer, E., & Ropo, A. (2006). Leadership and the driving force of shame: A social constructionist analysis of narrative. In W. J. Zerbe, N. M. Ashkanasy, & C. E. J. Härtel (Eds.), *Research on emotion in organizations* (Vol. 2)(pp. 57-80). Oxford, UK: Elsevier.

Schieman, S. (2007). Anger. In J. E. Stets & J. H. Turner (Eds.), *Handbook of sociology of emotions* (pp. 493-515). N. Y.: Springer.

Seibert, D., Drolet, J. C., & Fetro, J. V. (2003). *Helping children live with death& loss.* IL: Southern Illinois University.

Shields, S. A., Garner, D. N., Di Leone, B., & Hadley, A. M. (2007). Gender and emotion. In J. E. Stets & J. H. Turner (Eds.), *Handbook of sociology of emotions* (pp. 63-83). N. Y.: Springer.

Shorey, R. C., Moore, T. M., McNulty, J. K., Stuart, G. L. (2016). Do alcohol and marijuana increase the risk for female dating violence victimization? A prospective daily diary investigation. *Psychology of Violence, 6*(4), 509–518.

Shweder, R. A., & Haidt, J. (2000). The cultural psychology of the emotions: Ancient & new. In M. Lewis & J. M. Haviland-Jones (Eds.), *Handbook of emotions* (2nd ed.)(pp. 397-414). N.Y.: Guilford.

Smith, A., & Williams, K. D. (2004). R U there? Ostracism by cell phone text messages. *Group Dynamics: Theory, Research, & Practice, 8*(4), 291-302. DOI: 10.1037//1100902699.8.4.29/

Southam-Gerow, M. A. (2013). *Emotion regulation in children and adolescents: Practitioner's guide.* N. Y.: Guilford.

Spörrle, M., & Welpe, I. M. (2006). In W. J. Zerbe, N. M., Ashkanasy, & C. E. J. Härtel (Eds.), *Research on emotion in organizations: Individual and organizational perspectives on emotion management and display* (Vol. 2)(pp. 291-320). Oxford, UK: Elsevier Press.

Staton, A. R., Benson, A. J., Briggs, M. K., Cowan, E., Echterling, L. G., Evans, W. F., et al., (2007). *Becoming a community counselor: Personal &professional explorations.* Boston, IL: Lahaska Press.

TenHouten, W. D. (2007). *A general theory of emotions and social life.* N.Y.: Routledge.

Tugade, M. M., & Fredrickson, B. L. (2008). Positive emotions and emotional intelligence. In J. C. Cassady & M. A. Eissa (Eds.), *Emotional Intelligence: Perspectives on educational & positive psychology* (pp. 145-167). N.Y.: Peter Lang.

Turner, J. H. (2007). *Human emotions: A sociological theory.* London: Routledge.

Waldron, V. R. (2000). Relational experiences and emotion at work. In S. Fineman (Ed.), *Emotion in organizations* (2nd ed.)(pp. 64-82). London: Sage.

Weller, J. A., Shackleford, C., Dieckmann, N., & Slovic, P. (2013). Possession attachment predicts cell phone use while driving. *Health Psychology, 32*(4), 379-387. DOI: 10.1037/a0029265

Westbrook, D., Kennerley, H., & Kirk, J. (2008). *An introduction to cognitive behavior therapy: Skills and applications.* London, UK: Sage.

國家圖書館出版品預行編目資料

圖解情緒教育與管理／邱珍琬著. －－二
版. －－臺北市：五南圖書出版股份有限公
司, 2023.04
面；　公分
ISBN 978-626-343-868-2（平裝）

1.CST: 親職教育　2.CST: 情緒教育

528.2　　　　　　　　　112002421

1BOD

圖解情緒教育與管理

作　　　者 ― 邱珍琬（149.29）

發 行 人 ― 楊榮川

總 經 理 ― 楊士清

總 編 輯 ― 楊秀麗

副總編輯 ― 王俐文

責任編輯 ― 金明芬

封面設計 ― 姚孝慈

出 版 者 ― 五南圖書出版股份有限公司

地　　　址：106臺北市大安區和平東路二段339號4樓

電　　　話：(02)2705-5066　　傳　真：(02)2706-6100

網　　　址：https://www.wunan.com.tw

電子郵件：wunan@wunan.com.tw

劃撥帳號：01068953

戶　　　名：五南圖書出版股份有限公司

法律顧問：林勝安律師

出版日期：2018年5月初版一刷（共三刷）
　　　　　2023年4月二版一刷
　　　　　2024年5月二版二刷

定　　　價：新臺幣350元

經典永恆・名著常在

五十週年的獻禮——經典名著文庫

五南，五十年了，半個世紀，人生旅程的一大半，走過來了。

思索著，邁向百年的未來歷程，能為知識界、文化學術界作些什麼？

在速食文化的生態下，有什麼值得讓人雋永品味的？

歷代經典・當今名著，經過時間的洗禮，千錘百鍊，流傳至今，光芒耀人；

不僅使我們能領悟前人的智慧，同時也增深加廣我們思考的深度與視野。

我們決心投入巨資，有計畫的系統梳選，成立「經典名著文庫」，

希望收入古今中外思想性的、充滿睿智與獨見的經典、名著。

這是一項理想性的、永續性的巨大出版工程。

不在意讀者的眾寡，只考慮它的學術價值，力求完整展現先哲思想的軌跡；

為知識界開啟一片智慧之窗，營造一座百花綻放的世界文明公園，

任君遨遊、取菁吸蜜、嘉惠學子！